Gloria Husmann / Graciela Chiale

LA TRAMPA
DE LOS MANIPULADORES

Cómo identificarlos
y aprender a decir ¡Basta!

Del Nuevo Extremo

Chiale , Graciela Elba
  La trampa de los manipuladores : cómo identificarlos y aprender a
  decir basta / Graciela Elba Chiale y Gloria Husmann ; coordinado
  por Tomás Lambré. - 1a ed. 7a reimp. - Buenos Aires : Del Nuevo
  Extremo, 2014.
  224 p. ; 22x15 cm.

  ISBN 978-987-609-115-2

  1. Psicología. I. Husmann, Gloria II. Lambré, Tomás, coord. III. Título
  CDD 150

© de la presente edición 2014, Editorial del Nuevo Extremo S.A.
A. J. Carranza 1852 (C1414COV) Buenos Aires Argentina
Tel / Fax (54 11) 4773-3228
e-mail: editorial@delnuevoextremo.com
www.delnuevoextremo.com

Imagen editorial: Marta Cánovas
Diseño de tapa: Estudio Schavelzon-Ludueña
Imagen de tapa: Ulises Porra Guardiola
Diseño interior: m&s estudio
Correcciones: Mónica Ploese

Séptima reimpresión: julio de 2014

ISBN 978-987-609-115-2

A Héctor por su amor y su incondicional
compañía en el camino de la vida.
A dos mujeres con mayúsculas:
mis hijas Sandra y Flavia. A mis nietos:
Gonzalo, Nico, Pablo y Cande
por renovar mi esperanza en el futuro.
A mis amigos.
Gloria

Para Pilar, ese solcito hermoso que ilumina
todos los días de mi vida.
La abu Gra

NUESTRO AGRADECIMIENTO:

A Daniela Di Segni, mentora y amiga.

A todas las personas que generosamente contribuyeron aportando sus experiencias de vida.

A la gente que forma parte del grupo "Por el Placer de Pensar" por mantener nuestros motores siempre en marcha.

A Mónica Piacentini y Carlos Saez de la Editorial, por convertir un simple trámite, en un encuentro generoso y cordial. Gracias también por compartir con nosotras la existencia del picaflor.

ÍNDICE

Prólogo 13
Introducción 17
Estructura del libro 21

Capítulo 1
¿Cómo darnos cuenta de que estamos bajo
la influencia de un manipulador? 23
    Podemos autoevaluarnos 26
    Test de los cuatro pasos 27

Capítulo 2
¿Cómo es un manipulador? 39
    Manipuladores, ¿dónde están...? 46
    Distintos tipos de manipuladores: 46
        El dominador/despótico 46
        El irresponsable 48
        El simpático 48
        El de perfil bajo 50
        El profeta 51

El seductor 51

El generoso 52

El culto 53

El explosivo 55

El desvalido 56

El dependiente 57

El enfermo 58

El cizañero 60

El perverso 61

Capítulo 3

Perfil del manipulador 63

El manipulador se cree un "sabelotodo" 68

El manipulador carece de empatía 69

La percepción que tiene de sí mismo 70

El *modus operandi* del manipulador 70

Capítulo 4

La comunicación manipuladora 73

¿Qué rédito obtiene el manipulador al rehusarse
a mantener una comunicación clara? 76

¿Qué recursos utiliza para evitar una comunicación
directa o precisa? 77

¿Cuándo se aparta el manipulador de la
conversación? 82

Capítulo 5

Cómo se genera la trampa 85

¿Cuál es el punto de coincidencia entre
manipulado y manipulador? 88

Actitudes del manipulador 90
Actitudes de la víctima de manipulación 92
¿Por qué manipula el manipulador? 94
¿Por qué algunas personas son vulnerables
a ser manipuladas? 95
¿Qué quieren decir cuando dicen "te amo"? 96

CAPÍTULO 6

Estrategia y tácticas de preservación 99
¿Cómo defenderse de la influencia
de un manipulador? 103
La conveniencia de estar atento y cambiar 104
Estrategia de defensa 105
Tácticas útiles para preservarse 107

CAPÍTULO 7

Algunos ejemplos de la vida real 127
Órdenes desde el sillón 129
El pool del colegio 132
No soltar la presa 136
Una de suegra y nuera 138
Colegas y amigas 140
El caso María 142
El caso Javier 146

Conclusiones 153
Bibliografía 159

PRÓLOGO

Hace algo más de un año, cuando leí el primer borrador de este libro que me acercaron las Licenciadas Graciela Chiale y Gloria Husmann, mi primera reacción fue pensar: *"Este libro se puede conjugar. Yo manipulo, tú manipulas, él manipula. Todos manipulamos alguna vez."* Efectivamente, todos manipulamos. Algo simple de lo que no había tomado conciencia hasta ese momento en que lo vi tan claro en negro sobre blanco.

A medida que avanzaba en la lectura entendí que, si bien todos efectivamente manipulamos alguna vez, existe una manipulación positiva, digamos inocente, cuando se trata de obtener algún beneficio lógico o una finalidad positiva. No está mal manipular en ciertas ocasiones de la misma manera en que no se peca mortalmente al decir una mentira piadosa. Es más, resulta necesario hacerlo en determinadas situaciones. Pero también descubrí, con verdadero horror, la otra manipulación. Vi cuantas veces yo misma había sido víctima de manejos nefastos, destructivos, por parte de manipuladores que, sin exagerar, podríamos llamar "profesionales". Y, lo que es peor, casi siempre esto sucedía sin que yo me diera cuenta.

Por eso me atrajo desde las primeras páginas la intención de las autoras, generosa en su esencia y decididamente útil, de revelar los disfraces y triquiñuelas de los manipuladores peligrosos, de aquellos que elaboran grandes estructuras sobre argumentos falaces y las sostienen luego con las enormes cantidades de culpa que generan en sus víctimas.

Para entrar en el tema resulta especialmente útil el test con el que los lectores (¿o en su mayoría lectoras? me permito sospechar...) podrán autoevaluarse ya que el resultado del mismo les abrirá los ojos lo suficiente como para tomar conciencia del problema, entender dónde están parados y saber cuál es su punto de partida en el trabajoso camino hacia la liberación de los manejos nocivos del manipulador que tengan cerca.

Las descripciones y los ejemplos reales que aparecen en las páginas siguientes muestran que, sin exagerar demasiado, estamos rodeados de manipuladores y nos ayudan a detectar las numerosas formas en que muchos lobos se disfrazan para devorar Caperucitas. No serán pocas las personas que se verán reflejadas en algún párrafo y que se sorprenderán al descubrirse inmersas dentro de situaciones absurdamente cotidianas y habituales. Por eso, conocer los argumentos típicos, la forma de comunicación —el abuso verbal tan característico una vez que se descifra— les dará herramientas valiosas a quienes se dispongan a enfrentar situaciones difíciles, y casi siempre muy dolorosas, de las que no es ni sencillo ni fácil salir. De hecho suelen perdurar demasiado en el tiempo.

Este libro no puede reemplazar, desde luego, a una terapia complementaria y casi con seguridad necesaria; pero sí ayudará a despertar inquietudes y a movilizar. Además, los lectores agradecerán que no tenga el formato de un profundo tratado académico para eruditos. Por el contrario, es un aporte sólido y fundamentado pero de lenguaje accesible, que se dirige primordialmente a un público general, poco o nada informado sobre el tema. En resumen, estas páginas pueden ser el primer paso hacia la salud y la solución de conflictos de muchos lectores.

Daniela Di Segni
Buenos Aires, abril de 2008

INTRODUCCIÓN

Este libro no tiene una intención académica, sino que está dirigido al público en general y su principal objetivo es ayudar a identificar y evitar los efectos devastadores de la manipulación. Tampoco pretende reemplazar una terapia psicológica, sino, por el contrario, ayudar a aquellas personas que la requieran a descubrir esa necesidad.

La experiencia que ambas recogimos en la observación de la realidad con los enfoques propios de nuestras respectivas profesiones, nos impulsó a escribir este libro como un intento de denuncia frente a una verdadera epidemia social: la manipulación.

Empecemos por definir el concepto de manipulación. Diremos, en principio, que consiste en ejercer influencia sobre alguien, induciéndolo a tomar decisiones o asumir comportamientos de manera diferente, incluso opuesta, de como lo hubiera hecho a partir de su propia decisión.

El manipulador consigue sus objetivos mediante el uso de la seducción, sin el consentimiento *a priori* del otro. Dirige la voluntad de la víctima, abusando de su sensibilidad y vulnerabilidad.

La manipulación es siempre una agresión hostil. Es un ejercicio solapado, tortuoso, arbitrario y abusivo del poder, aunque la actitud del manipulador no sea provocada por las personas que padecen este tipo de agresión tal como él se esfuerza en demostrar. Tampoco ocurre por casualidad, sino porque el manipulador encubre eficientemente la razón y la naturaleza de los motivos, de los medios y de los fines que persigue con sus acciones.

Todo manipulador posee una gran habilidad para fabricar impresiones de la realidad, ilusiones virtuales que le permiten esconder sus artimañas y ficciones. Es por esto que suele decirse que son grandes prestidigitadores.

Las personas afectadas por la manipulación pierden la capacidad de hacer un uso pleno del ejercicio racional; quedan inhabilitadas para reflexionar, resolver o elegir el curso de acción que más les conviene y tampoco están en condiciones de resistir o de liberarse de la relación de poder a la que están sometidas.

El manipulador puede negar consciente o inconscientemente lo que está haciendo; sólo sus "víctimas" pueden reconocer el abuso, porque son quienes lo padecen; aun así, en algunas circunstancias no llegan a darse cuenta del maltrato que soportan y, a veces, hasta lo justifican.

Es muy poco frecuente que un manipulador se muestre tal cual es; el ocultamiento bajo alguno de sus disfraces, sobre todo de los más seductores, puede ser tan efectivo que la persona manipulada no sólo no lo identifica como tal sino que, probablemente, se irrite o enoje con quienes, por ayudarla, intenten hacérselo notar.

Un manipulador no es una persona como las demás, manipula porque el modelo aprendido en sus experiencias traumáticas infantiles no le permite hacer otra cosa. Así como una persona vulnerable de ser manipulada está marcada por vivencias traumáticas de su infancia y es ésta la razón de mayor peso por la que se "engancha" con un manipulador.

Por medio de la manipulación, un individuo puede destruir a otro, dado que se trata de una verdadera intrusión en su psiquismo, que puede terminar incluso en una demolición psíquica. Este tipo de violencia, que generalmente se manifiesta por medio del abuso verbal, es una agresión solapada que si bien no deja huellas o cicatriçes como ocurre con la violencia física, es igualmente dolorosa y de graves consecuencias, porque, al decir de muchos manipulados, "te rompe el alma".

Es una situación que puede darse en cualquier ámbito, tanto familiar, laboral, como social. Tampoco discrimina por estrato socioeconómico o cultural.

Si bien todos, tanto hombres como mujeres, podemos ser manipuladores[1], la conciencia social suele ser más permisiva con los abusos de los hombres; está instalada la tolerancia social para con ellos. En la mayoría de las sociedades, los hombres han sido socializados en la creencia de que se los habilita para hacer "uso del abuso" respecto de la mujer y los hijos. En muchos países se está tratando de modificar esta forma de pensamiento y de conciencia errados que traen graves consecuencias[2]. De hecho, en lugares como México y España, las estadísticas sobre violencia de género son aterradoras. En México, cada 15 segundos una mujer

1 La cultura popular ha evidenciado a través del humor conductas manipuladoras de madres italianas, judías, etc.
2 Según lo que afirma José Saramago en una nota publicada por el diario *La Nación* de la Argentina en el Suplemento de cultura, el 24 de marzo de 2007. www.lanacion.com.ar/Archivo/nota.asp?nota_id=894141.

es agredida; en la mitad de las familias se registra alguna forma de violencia y en uno de cada tres hogares existe maltrato emocional, intimidación, abuso físico y sexual contra las mujeres[3]. En España, numerosos estudios han demostrado que una de cada tres mujeres, en algún momento de su vida, ha sido víctima de violencia sexual, física o psicológica perpetrada por hombres.

Buenos Aires, agosto de 2007

3 www.agendadelasmujeres.com.ar/index2.php?id=3&nota=4328

ESTRUCTURA DEL LIBRO

Este libro está dividido en siete capítulos, el primero de los cuales está destinado a que los posibles manipulados puedan descubrir el riesgo de encontrarse en dicha situación. A tal efecto, diseñamos un test que ayuda al lector a autoevaluarse. El segundo y el tercero describen algunas características del perfil de las personas manipuladoras. El cuarto se refiere al uso que hacen de la comunicación distorsionada. En el quinto se describen algunas características de las "víctimas" de este tipo de agresión y luego se analiza cuál es el punto de coincidencia que propicia la atracción entre ambos. En el capítulo sexto se exponen algunas tácticas que posibilitan la preservación de las personas que sufren por encontrarse sometidas a un manipulador. Finalmente, y a modo de ejemplo, se exponen algunos casos que ilustran esos comportamientos.

CAPÍTULO I

¿Cómo darnos cuenta de que estamos
bajo la influencia de un manipulador?

No es fácil darse cuenta; es importante estar atentos y observar indicios. Muchas personas que deambulan por diferentes consultorios médicos, psicológicos o de ayudas alternativas como consultores espirituales, videntes, tarotistas, etc., buscan por estos diferentes caminos el alivio o la supresión de sus sufrimientos. Es muy probable, sin embargo, que el origen de ellos se deba a la posibilidad de estar bajo la influencia de una persona manipuladora, porque el contacto prolongado o permanente con un manipulador es un estresante muy fuerte y poderoso.

El estrés es un estímulo que nos agrede emocional y/o físicamente; es la respuesta fisiológica, psicológica y de comportamiento de un sujeto que busca adaptarse y reajustarse a presiones tanto de origen interno como externo. El estrés produce cambios químicos en el cuerpo y puede provenir de cualquier situación o pensamiento que haga sentir a la persona temerosa, frustrada, furiosa o ansiosa.

Estas reacciones no son dañinas a corto plazo, pero cuando la situación persiste en el tiempo resulta nociva para la salud general, debido a que el cuerpo permanece en un estado constante de alerta. Ese estado aumenta la tasa de desgaste fisiológico que lleva a la fatiga y/o al daño físico. Entonces, la capacidad del cuerpo para recuperarse y defenderse se ve seriamente comprometida. Éste es el momento en el cual probablemente comience a manifestarse una amplia gama de trastornos psicosomáticos. Una persona puede estar transitando una etapa de su vida sin problemas aparentes y, sin embargo, convivir con una permanente sensación de displacer. Es factible entonces que aparezcan síntomas psíquicos y/o físicos que abarquen un amplio espectro, desde un estado de angustia a una depresión o desde un simple dolor de cabeza a una enfermedad grave.

PODEMOS AUTOEVALUARNOS

Para detectar los factores de riesgo, elaboramos un índice[4] para medir la posibilidad de exposición a la que podemos estar sometidos.

Este test de autoevaluación constituye una herramienta que puede ayudar a detectar si una persona está bajo el área de influen-

---

4 En metodología de la investigación, un índice es un instrumento de medición que sirve para medir variables abstractas o complejas. Las variables abstractas son aquellas que precisamente por su grado de abstracción no son posibles de mensurar de manera directa. Esta tarea de medir variables complejas es difícil, pero no imposible. La metodología de la investigación social nos ofrece un recurso como la operacionalización, que nos permite descomponer las variables complejas en diferentes aspectos que deberán ser tenidos en cuenta a la hora de la medición. Es por ello que el siguiente test que diseñamos se divide en cuatro pasos que son los distintos aspectos a tener en cuenta.

cia de un manipulador. La obtención de un puntaje alto señalaría la necesidad de recurrir a la ayuda terapéutica específica. La intención de este índice es sólo contribuir al "darse cuenta".

Alguien que es vulnerable a este tipo de agresión posiblemente se vea afectado por más de un manipulador. El hecho de poder identificar cuál es la persona cuya proximidad puede estar ejerciendo una influencia manipuladora es un primer paso. Por eso este test debe circunscribirse a un probable manipulador por vez. Es decir, que se deberá responder a las preguntas de los cuatro pasos testeando cada vez la relación con una sola persona.

TEST DE LOS CUATRO PASOS

Para detectar la posibilidad de estar bajo la influencia de un manipulador hay que responder a las siguientes preguntas para confirmar o desechar las dudas.

¿Como se hace para medir esa variable compleja?

Primero: hay que encontrar dentro de esa abstracción los diferentes aspectos que compone la variable en cuestión, en este caso el "grado de vulnerabilidad a la influencia de un manipulador". Aquí ya bajamos un escalón de lo abstracto al plano de la realidad. Dentro de esas partes o aspectos, va a haber indicadores, que son variables empíricas, es decir variables que se pueden medir a través de una simple pregunta. De esta forma ya llegamos al plano de la realidad pudiendo obtener información de forma directa. Luego debemos ponerles categorías a esos indicadores para conocer el grado de intensidad con que se dan en cada caso en particular. Finalmente llegamos a un resultado final al contabilizar el puntaje obtenido con las respuestas. El índice es entonces la sumatoria de los valores, de las categorías, de los indicadores de los diferentes aspectos de la variable compleja.

Cabe aclarar que este test, si bien puede ser usado retrospectivamente (en caso de que se quieran comparar dos momentos de una historia de vida) está diseñado para evaluar el "aquí y ahora".

El primer paso detecta si entre sus sentimientos generales se encuentran algunos que podrían estar señalando cierta tendencia o vulnerabilidad a la influencia de un manipulador.

Las siguientes instrucciones ayudarán a la autoevaluación:

- Responder con absoluta sinceridad tratando de ser objetivo en las apreciaciones.
- Algunas preguntas pueden parecer ambiguas o generales, pero lo importante es responder lo primero que venga a la mente.
- Marcar con un círculo la opción correspondiente a las respuestas.

1. ¿Cómo darnos cuenta de que estamos bajo la influencia de un manipulador?

PASO 1
Influencia/vulnerabilidad
Sentimientos que experimenta en general

	Nunca o rara vez	En forma ocasional	En forma frecuente	Muy frecuente o siempre
No soy tan espontáneo/a como antes.	0	1	2	3
Siento que he perdido el entusiasmo.	0	1	2	3
En su presencia, no puedo sentirme relajado/a.	0	1	2	3
Tiendo a pensar que en el futuro la situación mejorará cuando...	0	1	2	3
Siento que he perdido la confianza en mí mismo/a.	0	1	3	4
Me siento en un estado de confusión.	0	1	3	4
Padezco una sensación de carencia o vacío interior.	0	1	2	3
Me desconozco a mí mismo/a.	0	1	2	3
Siento ansiedad y/o frustración.	0	1	3	4
Mi mundo se vuelve caótico.	0	1	3	4
Dudo de lo acertado de mi propio pensamiento.	0	1	2	3
Me siento en un círculo vicioso de pensamientos culpógenos.	0	1	3	4

CONTINÚA

	Nunca o rara vez	En forma ocasional	En forma frecuente	Muy frecuente o siempre
Siento que he perdido la aptitud para ocuparme de otras relaciones interpersonales.	0	1	2	3
Siento una voz crítica interior/autocensura.	0	1	2	3
Siento deseos de escapar.	0	1	3	4
Me siento deprimido/a.	0	1	3	4
Siento la sensación de estar como congelado/a, paralizado/a.	0	1	3	4
Me preocupa no ser feliz cuando debería serlo.	0	1	2	3
Tengo sensaciones de desconfianza e inseguridad frente a la posibilidad de afrontar futuras relaciones afectivas.	0	1	2	3
Tengo temor a enloquecer.	0	1	3	4

PUNTAJE:

Hasta 23 puntos: Bajo

De 24 a 46 puntos: Medio

De 47 a 69 puntos: Alto

Si en el Paso 1 se obtuvo un puntaje significativo, implica cierto riesgo. Es necesario aclarar que muchas de estas emociones o sentimientos pueden estar también indicando algún otro tipo de trastorno psicológico, razón por la cual es necesario profundizar la evaluación.

Aunque pueda parecer que el siguiente paso mide lo mismo que el anterior, esto no es así ya que el primero evalúa sentimientos generales (que pueden atribuirse a la manipulación o a otras razones) y el siguiente, sentimientos o actitudes particulares (con relación a la manipulación).

PASO 2
Identificación del manipulador a partir de los sentimientos particulares que experimenta la persona vulnerable

Responda al cuestionario pensando en la relación con **un** presunto manipulador. Es decir, deberá contestar a las preguntas testeando la relación con **una** sola persona por vez.

Siga las instrucciones:
- Elija a la persona con la que quiere evaluar su relación.
- Lea cuidadosamente cada pregunta tratando de recordar situaciones relacionadas con ella en los últimos seis meses.
- Responda con absoluta sinceridad tratando de ser objetivo en sus apreciaciones.
- Marque con un círculo la opción correspondiente a sus respuestas.

	Nunca o rara vez	En forma ocasional	En forma frecuente	Muy frecuente o siempre
Siento que no tengo la capacidad para pedirle aclaraciones sobre sus actitudes.	0	1	2	3
Me siento limitado/a al expresarme por temor a ser acusado de susceptible o inepto.	0	1	2	3
Siento que haga lo que haga, por más que me esfuerce, no logro cumplir con sus expectativas.	0	1	2	3
Siento que me exige respuestas inmediatas sin darme tiempo a pensar.	0	1	2	3
Siento que no logro reconocimiento por parte de él/ella.	0	1	2	3
Creo que mis intenciones son desvirtuadas por él/ella.	0	1	2	3
Siento frustración ante la no obtención de resultados con él/ella.	0	1	2	3
Siento que me hace responsable de sus obligaciones.	0	1	2	3
Me siento ignorado/a por él/ella.	0	1	2	3
Me siento disminuido/a ante él/ella.	0	1	2	3
Todos reconocen mis capacidades menos él/ella.	0	1	2	3
Me siento menospreciado/a por él/ella.	0	1	2	3
Me siento dejado/a de lado.	0	1	2	3

CONTINÚA

1. ¿Cómo darnos cuenta de que estamos bajo la influencia de un manipulador?

	Nunca o rara vez	En forma ocasional	En forma frecuente	Muy frecuente o siempre
Tengo sensación de incertidumbre, no sé con qué me voy a encontrar al verlo/a.	0	2	3	4
Cuando me encuentro con él/ella, me sobresalto.	0	2	3	4
Siento que él/ella se burla de mí.	0	1	2	3

PUNTAJE:

Hasta 17 puntos: Bajo

De 18 a 34 puntos: Medio

De 35 a 50 puntos: Alto

Si ya pudo identificar sentimientos particulares con relación a una determinada persona (presunta manipuladora), podría descubrir en esa misma persona algunos de los ataques/conductas característicos de los manipuladores.

PASO 3

Manipulación
Ataques que recibe del presunto manipulador

Continúe respondiendo al cuestionario pensando en su relación con la misma persona respecto de la cual contestó el test anterior.

Siga las instrucciones:

- Lea cuidadosamente cada pregunta tratando de recordar situaciones relacionadas con esa persona en los últimos seis meses.
- En la medida de lo posible, trate de ser objetivo en las apreciaciones respondiendo con la mayor sinceridad posible.
- Marque con un círculo la opción correspondiente a sus respuestas.

	Nunca o rara vez	En forma ocasional	En forma frecuente	Muy frecuente o siempre
Me descalifica/desmerece.	0	1	2	3
Me critica abiertamente.	0	1	2	3
Me critica solapadamente.	0	1	2	3
Manifiesta explosiones de ira.	0	1	2	3
Me trata con total indiferencia.	0	1	2	3
Me trata con prepotencia.	0	1	2	3
Se burla de mí frente a otros.	0	1	2	3
Se burla de mí cuando estamos a solas.	0	1	2	3

CONTINÚA

1. ¿Cómo darnos cuenta de que estamos bajo la influencia de un manipulador?

	Nunca o rara vez	En forma ocasional	En forma frecuente	Muy frecuente o siempre
Me trata de tonto/a cuando no adivino lo que necesita.	0	1	2	3
Me obliga a hacer cosas que no haría por mi propia decisión.	0	1	2	3
Utiliza para conmigo un sarcasmo burlón.	0	1	2	3
Me empuja.	0	2	3	4
Me acusa con reproche silencioso.	0	1	2	3
Me intimida.	0	2	3	4
Irrumpe con exigencias irrazonables.	0	1	2	3
Me golpea.	0	2	3	4
Me ataca ante el más mínimo error de mi parte.	0	1	2	3
Me amenaza.	0	2	3	4
Me chantajea.	0	2	3	4
Hace exhibición de armas con el fin de atemorizarme.	0	2	3	4

PUNTAJE:

Hasta 22 puntos: Bajo

De 23 a 44 puntos: Medio

De 45 a 66 puntos: Alto

PASO 4
Posibles consecuencias en la salud física de la persona presuntamente manipulada

IMPORTANTE: antes de pasar al último paso debemos aclarar que estos síntomas pueden originarse en algún otro tipo de trastorno. Sin embargo, si los puntajes alcanzados en los pasos anteriores fuesen significativos, serían factibles de ser atribuidos a lo que estamos evaluando: posibles consecuencias en la salud física de la persona presuntamente manipulada[5]. Cuando comienzan a aparecer síntomas físicos que no se habían manifestado con anterioridad o síntomas conocidos que se han intensificado en su expresión o duración es posible relacionarlos.

El lugar donde el síntoma se instala es particular a cada persona. Siga las instrucciones:

- Marque la opción correspondiente a sus respuestas.

---

5 Si bien en ciencias sociales es correcto pensar que el origen de estos problemas de salud podría estar relacionado con una multicausalidad (atribución de un efecto a varias causas), pensamos que un puntaje elevado en los pasos anteriores podría estar señalando la vulnerabilidad a la exposición. En todo análisis de la conducta, en general, y en psicología, en particular, es muy difícil atribuir un efecto a una sola causa, en este caso, atribuiremos la aparición o incremento de estos trastornos a la posibilidad de existencia del problema que estamos estudiando.

Síntomas físicos

	NO	SÍ
Dolores de cabeza/jaquecas/migrañas		
Taquicardia		
Sudoración profusa		
Caída atípica del cabello		
Estados nauseosos		
Dolores abdominales/flatulencias		
Trastornos gástricos		
Insomnio/trastornos del sueño		
Alergias cutáneas		
Fibromialgias/contracturas		
Broncoespasmos		
Trastornos en la alimentación		
Hipertensión		
Otras enfermedades graves		
Otras enfermedades crónicas		

Si usted obtuvo un puntaje alto en al menos dos de los tres pasos anteriores y padece algunos de los síntomas físicos arriba señalados, es muy posible que esté bajo la influencia de al menos un manipulador.

Es importante no minimizar las consecuencias de esta relación patológica entre manipulador y manipulado. Una víctima llevada a grado extremo puede morir o matar[6].

6 Hacemos referencia, a modo de ejemplo, a la mayoría de los casos del ciclo "Mujeres Asesinas" basados en hechos reales, presentado por canal 13 de televisión abierta en la República Argentina.

CAPÍTULO 2

¿Cómo es un manipulador?

Si bien es posible enumerar una serie de características generales que los identifican, existen particularidades que desarrollaremos a continuación.

Algunas características generales de los manipuladores

1. Utilizan múltiples camuflajes para confundir a sus víctimas.
2. Algunos son fácilmente irritables, reaccionan desmesuradamente ante cualquier circunstancia que les moleste. Pueden llegar incluso a ser violentos.
3. Algunos se muestran amables o seductores socialmente y en la intimidad con su víctima se comportan de manera opuesta.
4. Son generalmente impredecibles. Nunca se sabe qué es lo que los enoja y cómo actuarán en consecuencia.
5. Se desentienden de sus propias responsabilidades, logran transferírselas a los demás y los cuestionan cuando los resultados no son los que ellos esperaban.

6. Son muy eficaces para lograr sus fines a costa de otras personas.

7. Inducen a los otros a hacer cosas que no harían a partir de sus propias convicciones.

8. Sus demandas son imperativas, incluso pueden recurrir a "forzar" razones lógicas para lograr sus propósitos.

9. Utilizan seudoverdades universales aprovechando los principios morales de los demás para satisfacer sus necesidades. Como, por ejemplo, la caridad, la tolerancia o el perdón.

10. Pueden llegar a la amenaza o el chantaje de forma abierta o encubierta.

11. Carecen de empatía. No tienen en cuenta las necesidades, demandas y deseos de los otros aunque proclamen lo contrario.

12. Desprecian los sentimientos y puntos de vista de los demás.

13. No expresan claramente sus demandas, necesidades, sentimientos u opiniones; pretenden que los demás adivinen lo que ellos quieren o necesitan*[7].

14. Responden generalmente de forma confusa*.

15. Se enojan cuando se les solicita que aclaren o amplíen la información*.

16. Comunican sus mensajes de manera indirecta, especialmente cuando deciden no enfrentar una situación que les resulta incómoda. Utilizan a otras personas para que trans-

---

[7] Todos los ítems marcados con asterisco (*) se profundizan en el capítulo sobre comunicación.

mitan sus mensajes o lo hacen a través del teléfono o de una nota escrita*.

17. Tienen gran versatilidad para cambiar de tema de acuerdo con sus necesidades. Utilizan ardides para focalizar la conversación en un punto que resulte más conveniente para ellos*.

18. Piensan que los demás deben saberlo todo y responder inmediatamente a sus preguntas sin otorgar el tiempo necesario para que las otras personas piensen la respuesta.

19. Sus opiniones, sus comportamientos y sus sentimientos pueden variar según las personas o las situaciones de las que se trate.

20. A pesar de ser ellos mismos muy cambiantes, no admiten que los otros lo sean. Hacen creer a los demás que no deben cambiar nunca de opinión.

21. Son muy permisivos consigo mismos y muy intolerantes con los demás. Las reglas están para que las cumplan los otros.

22. Disimulan sus errores y jamás los reconocen, aunque exista evidencia en su contra. No admiten críticas de ningún tipo.

23. No toleran los errores de los otros. Hacen creer a los demás que deben ser perfectos.

24. Son proclives a acusar a la persona vulnerable de sus defectos o errores.

25. Critican constantemente a todos y a todo. Ponen en duda las cualidades, la competencia y la personalidad de los demás. Critican enmascarada o abiertamente.

26. Lo distinto los asusta, porque los desplaza de los patrones conocidos donde se sienten seguros de poder ejercer eficazmente el control.

27. Para atenuar sus propias inseguridades, desvalorizan y juzgan. Se creen poseedores de un don especial que los hace infalibles y sabios.

28. Suponen que los demás son ignorantes e intentan hacer notar la superioridad que ellos creen tener.

29. Son egocéntricos, consideran que el mundo gira a su alrededor.

30. Culpabilizan constantemente a los demás aprovechando y explotando el vínculo familiar, la amistad, el amor, la ética profesional, etc. Son expertos en la estrategia de "poner la culpa afuera".

31. Suelen NO escuchar respetuosamente ni con el tiempo suficiente lo que los demás exponen salvo cuando ellos tienen algo para ganar.

32. Suelen sembrar cizaña y levantar sospechas para desestabilizar a los que consideran sus oponentes.

33. Suelen eludir las entrevistas o las reuniones que no les resulten ventajosas, aún habiendo comprometido su asistencia con anterioridad.

34. La mentira es uno de sus principales recursos.

35. Hacen interpretaciones deformantes de la realidad.

36. Pueden ser muy celosos y controladores.

37. Juegan con los tiempos de los demás, esperan hasta el último momento para hacer un pedido o para dar una orden.

38. Pueden ser muy seductores. Dotados de gran intuición, suelen descubrir rápidamente qué tipo de seducción es más efectiva en la conquista de cada víctima. Algunos uti-

lizan la seducción en forma de halagos o regalos, otros seducen "vendiendo" una imagen de seguridad o protección, etc.

39. Entrampan a sus víctimas produciéndoles una sensación de malestar y de asfixia por falta de libertad.

40. Logran convertirse en el tema central de conversación de las personas que los conocen, se encuentren o no presentes.

41. Si lo consideran necesario, se victimizan utilizando para ello una imagen de soledad, de enfermedad o de pobreza exageradas para que se los compadezca.

42. Tienen gran habilidad para detectar a las posibles "víctimas" y les lleva muy poco tiempo descubrir su "talón de Aquiles".

43. Un manipulador sólo es anulado o superado por otro manipulador. Esta característica es fácilmente observable para el ojo entrenado cuando se presenta la oportunidad de ver a dos manipuladores juntos.

Algo importante a tener en cuenta es que todos podemos tener algunas de estas características y no por ello seremos el tipo de manipuladores a los que hacemos referencia en este libro.

Queremos marcar la diferencia entre una estructura de personalidad manipuladora y las manipulaciones realizadas ocasionalmente, de la misma manera que existe una gran diferencia entre un mentiroso patológico y una persona que miente ocasionalmente.

MANIPULADORES, ¿DÓNDE ESTÁN...?

El manipulador es un especialista en camuflajes. Se oculta bajo disfraces diferentes e intercambiables. En esto precisamente radica la dificultad para detectarlos.

Estos tipos de disfraces que describimos no son excluyentes, es decir que el manipulador puede intercambiarlos según su necesidad.

Este listado no pretende ser exhaustivo porque, dado que puede haber preponderancia de alguna característica de manipulación sobre las otras, es posible que existan otros tipos menos frecuentes. Los que describiremos a continuación son los más comunes.

Tampoco es fácil de marcar el límite entre alguna de estas categorías como ocurre, por ejemplo, entre el seductor y el simpático, o el enfermo y el desvalido.

Veamos los disfraces más comunes.

DISTINTOS TIPOS DE MANIPULADORES

El dominador/despótico

Es el más fácil de identificar porque sus características son claramente visibles. Se atribuye el derecho de controlar todo y a todos mediante una actitud autoritaria y descalificadora.

Generalmente es desagradable, maleducado, agresivo y autoritario. Confunde determinación con autoritarismo y cree que decir las cosas de mala manera le infunde autoridad. No respeta los derechos ni las necesidades de los demás, en cambio los suyos son siempre imperativos.

MANIPULADOR A UN INTEGRANTE DE SU FAMILIA: Quiero que me ayudes con este trabajo.

MANIPULADO: ¿Tiene que ser hoy? Mañana tengo un examen final y me falta estudiar algunos temas.

MANIPULADOR: No me importa lo que estés haciendo, yo necesito que me ayudes ahora.

No suele pedir las cosas de manera amable utilizando el "por favor" ni tampoco dar las "gracias" por lo que recibe, pero aunque lo hiciera, el tono de voz y expresión no dejan dudas: No se trata de un pedido, sino de una orden. "El informe sobre las ventas lo necesito para mañana, no importa si se tienen que quedar sin dormir para hacerlo... se los pido por favor".

Suscita miedo al extremo de generar autocensura por las situaciones humillantes a las que suele someter a sus víctimas. De esa manera logra obtener todo lo que exige. Es frecuente escuchar decir a sus víctimas: "Tengo que volver temprano a casa, porque si no se pone insoportable". "No puedo llevarlo a reuniones sociales con mis compañeros, porque nunca sé con qué puede salir, me hace pasar papelones siempre, prefiero buscar una excusa y no ir".

Por otra parte, cree y decide que sus principios deben aplicarse a todos los miembros de su entorno. Lo que los demás vivan, sientan y piensen no tiene importancia para él. "En esta casa se hacen las cosas como yo digo...".

Utiliza "verdades" de manera categórica, imponiéndolas a las otras personas, pero siendo muy tolerante consigo mismo. Las reglas están para que las cumplan los otros. Es muy frecuente sorprenderlo en acciones que han criticado. Por ejemplo, si alguien le hace notar que cruzó con el semáforo en rojo y pocos minutos antes había insultado a otra persona por cometer la misma infracción, es posible escucharlo decir: "Estoy apurado, ahora no puedo fijarme en eso".

Cuando alguien expresa su desacuerdo con lo que él dice, suele creer que esa persona no lo ha comprendido. "Escuchá... a ver si prestás atención... te dije que...".

El objetivo en una manipulación no es sólo el sometimiento del otro, sino la apropiación de su ser. La pretensión es que la otra persona sienta, piense, actúe como si fuera su "clon". Por ese motivo el manipulador no respeta como ser humano a la persona que manipula, sino que la considera un objeto.

El irresponsable

Suelen transferir sus responsabilidades con una argumentación que limita con lo absurdo. Son los que cuentan con la "ayuda" obligatoria del otro, hacen programas o invitaciones sin consultar y delegan luego la organización del evento. Son maestros en el arte de lograr que las personas de su entorno se hagan cargo de sus cosas. Sucede muy a menudo con los propios hijos: "... Yo no puse el despertador porque sabía que hoy estabas en casa. ¿No se te ocurrió despertarme?, ¡ahora llego tarde por tu culpa!" Pero los hijos no tienen el monopolio de este tipo de manipulación, es posible que cualquier miembro de la familia diga: "¿Para qué voy a usar llaves si siempre hay gente en casa? Estuve esperando veinte minutos a que llegara alguien para abrir la puerta. ¿Por qué no avisan que se van todos?"

El simpático

Éstos son invitados frecuentemente a reuniones sociales porque se convierten en los animadores. No les cuesta nada ser los protagonistas principales de la reunión. Generalmente son divertidos, alegres, conversadores, acaparan la atención, son ocurrentes y enmascaran la manipulación con la broma o la ironía. Claro que la utilizan para avergonzar o poner incómoda a una o varias personas. En una reunión de amigos, un manipulador simpático puede decir: "Dejemos que el asado lo haga Mario que es experto en prender fuego", después de que esta persona sufrió un incendio parcial en su casa en la que tuvo cierta responsabilidad.

Muchas veces aprovechan la broma o la ironía para poner en evidencia situaciones íntimas o privadas de los otros, después de lo cual tratarán de atenuar la situación diciendo: "Pero, che... era una broma... ¿Te enojaste?"

Algunas personas liberan ciertas conductas agresivas, enmascaradas de diversión y simpatía. En este caso el hecho trascendió las fronteras: un grupo de turistas se encontraba en una estación de servicio en el Brasil. Dos jóvenes argentinos de aproximadamente 25 años se acercaron a una joven empleada brasileña vestida con llamativos colores. Uno de ellos le preguntó irónicamente: "¿Ya llegó el carnaval?" Ella respondió ingenuamente: "Todavía faltan dos meses". El otro de los jóvenes intervino en la conversación y dijo: "No, no, ya sabemos que falta, te lo decimos porque parecés el arco iris, no te falta un color". En este caso en particular, la acertada respuesta de la joven fue: "Argentinos aburridos", tras lo cual se retiró de la escena.

Por supuesto que así como no todas las personas manipuladoras son simpáticas, tampoco todos los simpáticos son manipuladores.

El de perfil bajo

Éstos mantienen un aparente perfil bajo con la intención de hacer que otros resuelvan las situaciones que a ellos le cuesta enfrentar: "Vos lo hacés mejor que yo...". "Como vos no lo hace nadie".

Utilizan ese falso perfil bajo para no exponerse si los resultados no son exitosos o para lograr que otros realicen acciones que ellos saben que no son correctas, como en el caso de utilizar algo sin el consentimiento del dueño. "El coche de tu viejo está en la puerta y nosotros nos vamos en colectivo... ¡Qué desperdicio!, si nos apuramos, vamos y volvemos antes de que se despierte de la siesta y ni se entera de que lo usamos".

Posiblemente utilicen el bajo perfil para obtener beneficios a costa de otros, como, por ejemplo, induciendo a su pareja a que obtenga algo de su familia para usufructuarlo. "Si tus padres no nos prestan la casa en la playa, nos quedaremos sin vacaciones". Condicionan la realización de algo deseado por la víctima a la obtención de un beneficio.

También pueden hacer creer a la víctima que son dueñas de sus decisiones cuando en realidad manejan su voluntad igual que lo hacen otros tipos de manipuladores, sólo que los de bajo perfil actúan de forma más estratégica: "Si querés, andá con tus amigas el fin de semana a la costa, pero vos sabés que estoy haciendo un trabajo muy importante que requiere toda mi concentración y no sé si podré hacerlo pensando que te puede pasar algo en la ruta".

En síntesis: son "lobos con piel de cordero".

El profeta

Es el que se cree capaz de predecir lo que sucederá. Se arroga el derecho de saber qué es lo que va a pasar, aún sin poder argumentar lo que dice. Esto muestra su incapacidad para aceptar otros aspectos de la realidad diferentes de lo que él sabe o piensa. Sobrevalora su punto de vista como forma de tapar o enmascarar su falta de flexibilidad para adaptarse a otras resoluciones. Un caso que puede ilustrar esta conducta es la de un grupo de amigos que planean salir de vacaciones juntos y uno de ellos, el manipulador, plantea sólo las desventajas de los lugares propuestos por los demás, prediciendo grandes inconvenientes en caso de no ser aceptada su propuesta. Cuando los demás le señalan que él no es el "dueño de la verdad", contesta con una de sus frases preferidas: "A mí me vas a contar... ¿sabés la calle que tengo yo...?".

Utiliza la futurología con absoluta impunidad, con el propósito de paralizar a su víctima por medio del temor. Es como empezar a usar seudopredicciones para convencer a los otros de la imposibilidad de escapar de un destino difícil o plagado de obstáculos. "Vos seguí actuando así que te van a comer los piojos" es su frase habitual.

El seductor

Es uno de los tipos de manipulación más encubierta, dado que cuesta admitir que detrás de ese ser tan encantador, dotado de tantas cualidades agradables, se oculte un manipulador.

La seducción puede estar dada por el atractivo físico, la cortesía, el dinero, etc. Esto dependerá de lo que resulte seductor para cada persona. La fascinación que produce posibilita que quien esté bajo su influencia, manifieste su consentimiento y adhesión a todas sus demandas. Esto es lo que hace que muchos espectadores de la situación perciban y manifiesten que se llevó a cabo un verdadero "lavado de cerebro".

¿Cuántas veces salimos de un comercio al que habíamos entrado sin intención de compra y nos percatamos de que el vendedor nos ha inducido a comprar algo que no necesitamos? "Esto parece haber sido hecho especialmente para usted que es una persona tan refinada". Intenta tenazmente influir sobre una persona para que tome una decisión apresurada: "No puede perdérselo, esto es sólo para entendidos". "Se nota que además de hermosa es usted muy inteligente".

El generoso

Es la persona que da, da, y da sin que uno le pida. El problema se suscita cuando exige reciprocidad. En realidad, se trata de una trampa que se detecta generalmente cuando ya es demasiado tarde, porque se han aceptado favores o regalos por los que queda el compromiso de devolución.

Es difícil decir que no a quien fue tan "generoso" con nosotros, pero hay que ser precavido; por algo el refrán dice "Cuando la limosna es grande hasta el santo desconfía".

En algunas oportunidades la generosidad de este tipo de manipulador se hace extensiva al círculo afectivo cercano de la persona manipulada. Como ejemplo podemos citar un hecho real: el caso de una pareja en la que un exitoso empresario ayudó económicamente a la empresa familiar de la esposa. A partir de ese momento se consideró con el derecho de "cobrarse la ayuda" sometiéndola a una suerte de esclavitud o dependencia en todos los órdenes, incluso el sexual. Ella se veía forzada a ser su eterna asistente a pesar de ocuparse de su propio trabajo y de las tareas domésticas; a consultarlo hasta para comprarse un par de medias; a compartir con él salidas de pesca en las cuales se aburría soberanamente; a soportar las groserías que decían los amigos de él en su presencia; y lo peor de todo, a mantener relaciones sexuales con él en cualquier momento y lugar a pesar de no desearlo. Varias veces había intentado separase infructuosamente, porque un manipulador no suelta fácilmente a su presa, y para colmo de males, cuando intentaba romper ese sometimiento ni siquiera era comprendida por su propia familia, con el pretexto de: "Es tu marido, vos lo elegiste, además se comportó muy bien con nosotros cuando...". Cerrándose de esta manera una verdadera trampa de la que sentía que era imposible escapar. En este caso en particular la decisión de terminar con esta relación enferma pudo ser tomada desde la cama de un hospital, después de una fuerte golpiza recibida por la víctima. "Yo sabía que tenía que hacer algo, pero no sabía qué hacer, no sabía cómo escapar. La golpiza fue lo de menos, después de tanto tiempo de maltrato psicológico ya casi estaba acostumbrada. Por suerte pude hacer la denuncia y me ayudaron mucho los que menos imaginaba. Por suerte pude zafar, porque sé que si había una próxima vez, me iba a matar".

El culto

La principal característica de este manipulador es la de acaparar la conversación. Mencionando nombres de personalidades o contenidos teóricos con intención de apabullar a los demás, se muestra incluso sutilmente despreciativo con quienes no tienen tantos conocimientos. Sucede con frecuencia en el ámbito académico donde el conocimiento se asimila a poder; es común escuchar discutir a compañeros de cátedra por nimiedades teóricas con el propósito de impresionar a personas de mayor rango o jerarquía de las que se puede obtener alguna ventaja.

En la vida social, este tipo de manipulador exagera su sorpresa ante el desconocimiento del otro sobre algún tema específico. Aunque en realidad cuenta con la ignorancia de los demás para reforzar su imagen de sapiencia, nunca olvida hacer alusiones a sus títulos o conocimientos superiores. Es común escucharlos mencionar su extenso currículum para impresionar a sus interlocutores.

A veces caen es su propia trampa, como en el caso que describiremos a continuación. En una reunión, un manipulador culto mencionó a un autor poco conocido y le adjudicó una frase: "Fulano dijo que... tal cosa". Bueno, esta vez nuestro amigo tuvo poca suerte, porque entre los presentes se encontraba una persona que había leído pormenorizadamente a este autor y que le preguntó: "¿En cuál de sus libros Fulano dice eso?? A lo que el manipulador respondió dubitativamente: "Bueno... no me acuerdo exactamente en cuál, pero lo dice". Ante lo que el interlocutor no cedió: "Qué extraño, yo leí todas sus obras y estoy seguro de que nunca expresó esos conceptos, por el contrario, su pensamiento es más bien opuesto a lo que vos decís".

Después de esto y sabiendo que sus conocimientos sobre ese autor no eran muy consistentes, este manipulador culto hizo "mutis por el foro" y cambió abruptamente de tema.

La diferencia entre un manipulador y una persona culta e interesante es la intención que mueve el discurso de cada uno. En el caso del manipulador, ésta es poner en evidencia al otro para humillarlo. Como los otros tipos de manipuladores, el manipulador culto es un gran inseguro, por eso se ampara en su seudosapiencia para protegerse.

El explosivo

Es una persona que va acumulando emociones y sensaciones que le producen una gran tensión interior y que, posiblemente, se incrementen al enfrentarse con situaciones en las que registra su impotencia e inseguridad.

Mediante explosiones de ira dirigidas a quien fue elegido como destinatario, libera en forma periódica e imprevisible la tensión que se ha ido acumulando en su interior. Es como un volcán en erupción, así de devastador.

Este patrón reiterado y cíclico de su conducta responde a factores internos o externos que lo afectan de manera circunstancial. Sus ansiedades, sus miedos, sus sentimientos de inadecuación, etc. pueden desencadenar la explosión que lo lleva a buscar a una víctima propiciatoria para efectuar la descarga. La persona que la recibe trata de explicar y defenderse, aún sin saber o sospechar cuál ha sido la falta que ha cometido. De esta manera le da una doble ventaja al manipulador: por una parte, le posibilita una sensación de alivio después de la explosión y por otra, le hace sentir que ha reafirmado su dominio sobre la "víctima". El manipulador explosivo nunca pide disculpas, ya que "lo hicieron enojar". Veámoslo en el siguiente diálogo.

MANIPULADOR: Te das cuenta, siempre lo mismo, mirá lo que me hiciste hacer (*había abollado de una patada la puerta del auto*). No hay forma de que entiendas que no tenés que hacerme enojar.

VÍCTIMA: Pero si yo no te hice nada.

MANIPULADOR: Precisamente, nunca hacés nada, siempre tengo que arreglármelas yo solo.

VÍCTIMA: ¿De qué estás hablando?, viniste de la calle malhumorado y...

MANIPULADOR: Justamente, vos nunca te das cuenta de nada, ni siquiera cuando vengo nervioso tratás de calmarme, después pasa lo que pasa...

El desvalido

Son los que se esfuerzan en hacer creer a los demás que se sienten abandonados, desamparados y con mala suerte. Son personas que han hecho de su vida lo que quisieron, no cuidaron su patrimonio, su futuro o sus relaciones afectivas, y cuando la economía les falla o la soledad se impone, pretenden que otros se hagan cargo obligatoriamente de ellos. Por lo que, cuando alguien trata de ayudarlos ofreciéndoles, por ejemplo, oportunidades laborales, las descartan por no considerarlas adecuadas a sus pretensiones. Destacan los logros de los demás diciendo: "¡Vos sí que tenés suerte, en cambio yo...!" O justifican sus fracasos: "¡Qué mala suerte tengo!"

Como ejemplo de este tipo de manipulador, es emblemático el caso de la mujer viuda que dilapida la fortuna familiar heredada de su marido y que pertenece también a sus hijos, sin que nadie se atreva a reclamarle nada porque: "Pobre mamá, está sufriendo el duelo a su manera". Esta manipuladora gasta hasta el último centavo de la herencia, que podría haberle servido para vivir el resto de su vida sin apremios económicos y luego, ya en banca rota, les recrimina a sus hijos que no pueden proveerle el sustento al que ella estaba acostumbrada. Lo más lamentable en este caso es que, a pesar de lo injusto de la situación, los hijos suelen esforzarse en satisfacerla.

El dependiente

Estos personajes son los que creen que los demás están a su servicio y tienen la obligación de satisfacer todas sus demandas. Creen que las personas allegadas a ellos son extensiones de su cuerpo y que están para cumplir sus deseos y saciar sus necesidades. Compartir la mesa con ellos puede convertirse en una verdadera tortura, porque solicitan a los demás que les alcancen todo lo que necesitan y que podrían proveerse por sí mismos sólo con extender los brazos y sin molestar a nadie.

Este tipo de manipulación no se encuentra en estado puro, es decir, aparece siempre combinado con alguna otra clase de manipulación.

Generalmente cuando necesitan preguntar algo a una persona, les resulta más cómodo hacer que esa persona vaya hacia ellos que molestarse en ir ellos a interrogar.

Del manipulador a un allegado que se encuentra ocupado en una tarea: "Vení urgente". La persona manipulada se acerca a él con temor a que le haya sucedido algo dada la premura del llamado: "¿Qué pasa?" Y el manipulador responde sin inmutarse: "No me mires con esa cara de susto, sólo te quería preguntar si te acordaste de comprarme el remedio que se me está terminando".

O al salir de la ducha, en su propia casa, en un baño repleto de toallas y con un secador en un cajón, pregunta: "¿Con qué me puedo secar el pelo?"

A veces se muestran ineficientes por conveniencia. Es común comprobar que cuando se quedan solos por viudez o abandono pueden valerse muy bien por sí mismos.

MANIPULADOR DEPENDIENTE: Querida, me atás los cordones de los zapatos, sabés que por mis problemas de lumbalgia yo no puedo.

MANIPULADA *(mientras le ata los cordones)*: "Tenés lumbalgia para atarte los cordones, pero no para jugar al golf. ¿Cómo es eso?"

MANIPULADOR: ¡Qué poco solidaria que sos! ¿Qué te cuesta atarme los cordones? ¡Sabés que después me duele la cintura!

MANIPULADA: Bueno, si fueran sólo los cordones no me quejaría, pero vivís pidiéndome que haga cosas por vos, parezco tu sirvienta.

Meses después, la manipulada murió en un accidente y al quedar solo, fue increíble el cambio que hizo el manipulador: ¡por fin era capaz de valerse por sí mismo! Bueno, sólo por un tiempo... hasta que cayó la siguiente víctima servicial con quien formó nuevamente pareja.

El enfermo

Son los individuos que descubrieron tempranamente los beneficios secundarios de la enfermedad. Incluso pueden simular síntomas para mantener en vilo a su familia.

Suelen competir en cuanto a la gravedad de enfermedades o cantidad de operaciones quirúrgicas. A veces interrumpen los relatos de los otros para dar una versión pormenorizada y amplificada de algún hecho similar que les ocurrió a ellos... ¡pero mucho peor!

Con el objetivo de mantener el control sobre acciones y decisiones de los demás, tejen una trama culpabilizadora en la que quedan atrapadas sus víctimas y de la que no pueden evadirse dado el vínculo afectivo que las une al manipulador.

Una manipuladora, señora mayor, se cayó en la calle y se fracturó el fémur (o se cayó porque se fracturó primero) y fue asistida en un sanatorio. Cuando su nieta acudió a visitarla, su primera expresión fue: "Me caí porque fui a comprar galletitas para cuando vinieras con los chicos a tomar la leche".

Otra situación es la de las personas con alguna dolencia crónica, que se valen de ella para manipular: "Vayan tranquilos, si me tengo que morir, me voy a morir igual, estén ustedes conmigo o no... Claro que no es lo mismo", es una expresión esperable en ellos.

Este tipo de manipulación es frecuente también en algunas personas mayores que utilizan este recurso para llamar la atención de sus familiares. Aunque los otros se den cuenta de que están siendo manipulados, no se atreven a contradecir las demandas o presagios sombríos, por temor a que en esa oportunidad sea cierto lo que dicen. De esta manera consiguen todo lo que quieren.

La literatura nos da un ejemplo a través de la genial parodia de Julio Cortázar en "La salud de los enfermos" en el que se evidencia la sobreprotección de una familia respecto de la madre enferma y manipuladora. Presos de sus propias mentiras, los personajes terminan viviendo en un mundo de engaños y artilugios para conformar a una mujer que no cesa de demandar sacrificios de sus parientes. Transcribimos un pequeño fragmento en el que se ve muy bien este tipo de manipulación:

"Cuando inesperadamente tía Clelia se sintió mal, en la familia hubo un momento de pánico y por varias horas nadie fue capaz de reaccionar y discutir un plan de acción, ni siquiera el tío Roque, que encontraba siempre la salida más atinada. A Carlos lo llamaron por teléfono a la oficina, Rosa y Pepa despidieron a los alumnos de piano y solfeo, y hasta tía Clelia se preocupó más por mamá que por ella misma. Estaba segura de que lo que sentía no era grave, pero a mamá no se le podían dar noticias inquietantes con su presión y su azúcar... Si tía Clelia tenía que guardar cama era necesario encontrar alguna manera de que mamá no sospechara que estaba enferma..."[8].

El cizañero

Es el especialista en sembrar cizaña entre quienes lo rodean. Se rige por el precepto de "divide y reinarás", elucubra tejes y manejes para envolver, como una araña en sus redes siniestras, a sus víctimas. De ser necesario, miente alevosamente para obtener los resultados que desea. Especula constantemente con los beneficios que obtendrá de la discordia que promueve. No duda en generar antagonismos, incluso entre sus propios hijos, si esto es funcional a sus fines. Este tipo de manipulación se presenta con mayor frecuencia entre las mujeres. Como ejemplo citamos el caso de una joven mujer con este tipo de conducta, que estaba casada con el mayor de los hijos de una familia numerosa y que acostumbraba malograr cualquier reunión familiar con sus comentarios insidiosos. Todos y cada uno de los miembros de la familia habían reci-

8 Julio Cortázar, "La salud de los enfermos", en *Todos los fuegos el fuego*, Sudamericana, Buenos Aires, 1994.

2. ¿Cómo es un manipulador?

bido de su parte en alguna ocasión un comentario agresivo. Un día, madre e hijo mantuvieron una conversación en la que cada uno sostenía opiniones diferentes, pero sin llegar a discutir. Luego de esto, la joven manipuladora cizañera esperó a quedarse a solas con su suegra, y le dijo: "¿Usted no tiene miedo de discutir con su hijo? ¡Mire si cuando nosotros tengamos hijos, él no le permite verlos! ¡Se quedaría sin conocer a sus nietos!"

La suegra, cansada de los ataques de su nuera, le respondió: "No te preocupes, tus hijos no van a ser mis únicos nietos".

Luego, la manipuladora le dijo a su esposo: "Tu madre me ha dicho que cuando tengamos hijos no tendrá interés en conocerlos".

También puede ser el caso de una "amiga" que dice: "¿Así que a tu marido lo mandan a trabajar al interior este fin de semana?... ¡Qué bien! Y... decime ¿va con esa secretaria tan joven y simpática?... ¡Qué suerte que vos no sos celosa!"

El perverso

Todas las personas en situaciones emocionalmente intensas, como por ejemplo los momentos de ira, pueden presentar conductas que se confunden con comportamientos perversos. Pero serán transitorios y rápidamente sustituidos por otros de registro diferentes (fóbicos, histéricos, obsesivos, etc.). Pero lo más importante es que, posteriormente, estas actitudes serán objeto de autocuestionamiento. En cambio, un individuo perverso es permanentemente perverso, se encuentra fijado a ese modo de relación con el otro y no se pone a sí mismo en tela de juicio en ningún momento. **No siente culpa.**

Estos individuos sienten la necesidad de rebajar a los otros para adquirir lo que creen "una buena autoestima" y mediante ésta, adquirir el poder. Ellos necesitan dominio, admiración y aprobación. En su afán por conseguirlos no tienen compasión ni respeto por los demás. El manipulador perverso necesita convertir a los otros en "objetos", ya que respetarlos supondría considerarlos humanos y lo llevaría a reconocer el sufrimiento que les provoca.

La perversidad se manifiesta por medio de una fría racionalidad, que se combina con la incapacidad de considerar a los demás como seres humanos. Se lo puede asimilar con la personalidad narcisista. Según Otto Kernberg:

"... todas las interacciones de estos pacientes (narcisistas) están referidas **a sí mismos en medida inusual;** tienen gran necesidad de ser amados y admirados y se detecta en ellos una curiosa contradicción entre un concepto muy inflado de sí mismos y la desmedida necesidad de recibir el tributo de los otros. Su vida emocional carece de profundidad; experimentan escasa empatía por los sentimientos de las demás personas; encuentran pocos motivos para disfrutar de la vida... envidian a otras personas; tienden a idealizar a determinados individuos... y a desvalorizar a otros. En general, sus relaciones con los demás tienen un carácter netamente explotador y en ocasiones parásito. Es como si sintieran el derecho de controlar y poseer a los otros y de explotarlos sin culpa; bajo su aparente simpatía y encanto es posible percibir una naturaleza fría y despiadada..."[9].

9 Otto Kernberg, *Desórdenes fronterizos y narcisismo patológico*, Paidós, Buenos Aires, 1979.

CAPÍTULO 3

Perfil del manipulador

Pese a lo que aparenta, el manipulador no confía en sí mismo; es un gran inseguro. Su conducta manipuladora, funciona como una defensa muchas veces inconsciente. Actúa como una persona que en un naufragio y ante el temor de ahogarse, en su desesperación, se aferra a quien está a su alcance, arrastrándolo a su eventual destino.

Utiliza la manipulación como medio de conservación o supervivencia. Es un mecanismo que se automatizó al formarse su personalidad. Quizás no haya sido sujeto de deseo en su familia de origen y, al quedar apartado, intentó ser tenido en cuenta. Para lograr esto, trató de imitar la forma en que se vinculaba la persona que él suponía más poderosa de su entorno afectivo, por ejemplo el padre, y que posiblemente no tuviera en cuenta los deseos y necesidades de los otros[10]. Ya adulto, lejos de abando-

10 Según Peter Berger y Thomas Luckmann en su libro *La construcción social de la realidad*: Todo individuo nace dentro de una estructura social objetiva (lo que le tocó en suerte), no elige ni a la familia en la que nace, ni a los sig-

nar este mecanismo, trata de controlar los pensamientos y sentimientos de las personas que tengan algo que él valore o envidie, como un intento de apropiarse de ello.

Para poder manejarse socialmente, debe reprimir sus sentimientos personales que son, en general, de profunda rabia y furia. Por esta razón, esos sentimientos reprimidos se intensifican y se convierten en una energía casi incontrolable, tan destructiva como un tsunami.

Lo paradójico es que por más que controlen, dominen y sometan, nunca pueden llenar ese vacío interior. Ésta es la fuente de su profunda inseguridad.

Es muy común encontrar personas a las que, a pesar de preocuparse y ocuparse de sus vínculos afectivos más cercanos (esposa, madre, hijos), les cuesta mucho aceptar que éstos tengan deseos propios autónomos e independientes de los de ellos. Les resulta imposible conciliar dos o más deseos, porque suponen que esto significa la aniquilación del deseo propio. En el ámbito de las relaciones afectivas, puede existir un solo deseo: el del manipulador.

Cuando alguien supone que sólo hay lugar, o que únicamente puede ser satisfecho un solo deseo, está entrando en una dinámica violenta. Este patrón vincular, como decíamos anteriormente, proviene de la infancia. Probablemente de la imposibilidad de decodificación de una mamá que pudo haber sentido

---

nificantes encargados de su socialización, ni a la clase social a la que pertenece. Todo esto le es impuesto, no tiene posibilidad de elección, y como no elige, se identifica con ellos casi automáticamente. La socialización primaria se da en el seno familiar y con una fuerte carga afectiva, por eso hay identificación y es la más importante de todo el proceso.

como amenazador el deseo de su hijo en cuanto lo vivía como destructor del deseo de ella. Al sentir que ambos deseos no pueden convivir, que si complace el deseo de su hijo pierde la posibilidad de cumplir el propio, entra en una suerte de lucha, a veces con características de francos combates, para ver cuál es el deseo que triunfa.

Una madre que no decodifica bien es una madre que da el pecho cuando el hijo quiere jugar o le cambia los pañales cuando el niño llora de hambre. La necesidad o el deseo del hijo queda incumplido y a expensas de una interpretación errónea.

¿Por qué decimos que toda situación en la que no puedan respetarse o integrarse dos deseos es violencia?

Al decir de Laura Gutman[11], la violencia emocional como fenómeno individual y colectivo es justamente esto: la imposibilidad de que convivan dos deseos en un mismo campo emocional, y esto es lo que ocurre con el manipulador. Si el deseo del otro intenta hacerse presente, el del manipulador debería retroceder o correrse para hacer un espacio que pueda ser compartido; pero él no está emocionalmente preparado para compartir: el manipulador lo quiere todo.

Decíamos anteriormente que ha vivido una realidad emocional en su infancia en la que tuvo que ceder, quizás, a la imposición del deseo de un adulto. El cine nos da múltiples ejemplos de la dificultad de los hijos para realizar sus propios deseos: *Billy Eliot, Claroscuro*, etc.

Otra confusión en el psiquismo del niño se produce cuando se internaliza la idea de que la única posibilidad de cumplir con

11 Laura Gutman, *Crianza. Violencias invisibles y adicciones*, Del Nuevo Extremo; Buenos Aires, 2006.

un deseo propio es hacerlo a costa del deseo del otro: "Si no hubiese sido por cuidar a mis hijos, yo hoy sería abogada y otra sería mi realidad...".

Se instala, entonces, un estado de alerta similar al de un campo de batalla: "Es tu deseo o el mío". Cualquier invasión en el terreno del deseo propio es vivida como peligrosa para la propia existencia. Es necesario, por lo tanto, mantener bajo control pensamientos, sentimientos o acciones de quien es considerado "invasor".

Queda internalizada, entonces, la impresión de tener el derecho de llegar hasta la aniquilación del "enemigo", porque está en riesgo su "supervivencia", y recurrirá para ello a todos los camuflajes o engaños necesarios para lograrlo. No debemos olvidar que para el manipulador ésta es una batalla que tiene que ganar. Ya en el siglo V antes de Cristo, Sun Tsu escribió:

> "El arte de la guerra es el arte del engaño, si adoptamos siempre una apariencia contraria a lo que somos, aumentaremos nuestras oportunidades de victoria".

EL MANIPULADOR SE CREE UN "SABELOTODO"

El manipulador cree que todo el territorio le pertenece; no reconoce la alteridad, la existencia del otro. Como para compartir hace falta otro con quien hacerlo, él no comparte. Esto ocurre porque sólo hay lugar para una mirada, sólo hay lugar para un deseo, que, naturalmente, es el del manipulador. Esta conclusión es convertida por él en un saber universal, en una verdad incuestionable.

Esta creencia de ser omnisapiente no le permite aceptar diferentes posiciones. Incluso en el terreno emocional más íntimo, cree que "él sabe" más acerca de los sentimientos de la otra persona que la persona misma: "No, no... lo que vos sentís no es tristeza, lo que sentís es...". Esta conducta, que en general tiene hacia todas las personas de su entorno, adquiere características de mayor gravedad cuando la emplea con sus propios hijos, porque llevar a un niño a dudar de sus propias percepciones, diciéndole que no siente lo que siente, que no ve lo que ve, es sumamente riesgoso para su integridad emocional y para su salud psíquica.

EL MANIPULADOR CARECE DE EMPATÍA

El manipulador está incapacitado para ponerse en "los zapatos de los demás". No trata a los otros con reconocimiento, porque es algo que él desconoce; no lo recibió de su familia de origen cuando era niño y eso lo privó de la posibilidad de sentirse seguro. Esto le dificulta la intimidad compartida, porque esta situación le produce un temor de vida o muerte. Si bien ante la mirada ingenua parecen tener un adecuado funcionamiento social[12], su desconfianza los hace incapaces de relacionarse cooperativamente.

12 No olvidemos que muchas manipulaciones/abusos ocurren de puertas para adentro.

LA PERCEPCIÓN QUE TIENE DE SÍ MISMO

Algunos manipuladores son conscientes de serlo y en esos casos rozan la perversión. Pero otros son totalmente inconscientes de sus manipulaciones, no tienen registro de ellas y por eso se sorprenden o enojan cuando alguien se las hace notar.

Que sean conscientes o inconscientes, no debe afectarnos en cuanto a la protección que debemos emplear frente a ellos; es necesario no dar espacio a la manipulación porque es un terreno donde se juega la salud y muchas veces hasta la vida.

EL *MODUS OPERANDI* DEL MANIPULADOR

Una persona manipuladora evita dar información íntima de sí misma, pero está ávida de conocer la intimidad de los otros. Sabe que el que posee mayor información tiene el poder. Esto es de esencial importancia, porque le permite ocultar su inseguridad de base y al mismo tiempo sentirse poderoso.

Actúa desvalorizando y culpabilizando a los otros, construye una ilusión: la de ser superior a los demás. El peligro radica en que está convencido de que esa ilusión es real.

El mecanismo de defensa más utilizado por el manipulador es la proyección[13], les reprocha a los otros los aspectos que rechaza de sí mismo. Al proyectar su frustración sobre la víctima ele-

---

13 Se trata de una defensa de origen muy arcaico mediante la cual un hecho psicológico, deseos, sentimientos, etc. se desplazan y se localizan en otro sujeto. Como por ejemplo, "poner la culpa afuera".

gida, como si fuera una pantalla, ve a ésta como portadora de ese odio intenso. Percibe a la víctima como a un monstruo destructor al que debe controlar para protegerse y al que hay que atacar anticipándose a su supuesta intención malvada.

En esa batalla, el primer movimiento debe ser el de minimizar a su adversario por medio de la descalificación y desvalorización, para que pierda confianza en sí mismo.

El manipulador es un experto en el manejo de la culpa, hace sentir a los otros que son irresponsables. Es por eso que la víctima intenta explicar la situación una y otra vez con la intención de ser comprendida, lo que nunca sucederá, y por eso en muchos casos se perpetúa esa interacción: el manipulador acusa y la persona manipulada explica... explica... y explica. Si alguien le hace notar esta situación, el manipulador negará siempre su conducta culpabilizadora.

El manipulador miente, pero la mayoría de las veces no lo hace directamente, prefiere provocar malos entendidos que luego aprovechará en su beneficio. Opta por insinuar, ya sea por medio de palabras o silencios. Al "decir sin decir" no se expone directamente y dejará siempre una vía de escape abierta: la de acusar al otro de haber comprendido mal o de ser muy susceptible.

Estas técnicas indirectas hacen dudar, confunden, desestabilizan y dejan a la persona manipulada enmarañada y con muy pocas posibilidades de defensa. Ésta es precisamente la intención del manipulador, ya que si mintiera abiertamente quedaría expuesto su autoritarismo e intento de destrucción.

Otra de las conductas que asume es inducir a los demás a tomar decisiones en contra de su voluntad, ya que al carecer de empatía no tiene en cuenta las necesidades ni los deseos de los otros.

Evita la confrontación, pues el estilo cambiante en su comportamiento, opiniones o sentimientos le permite no asumir la responsabilidad de sus propias ideas (éste es su objetivo) y de su consecuencias. Por esto mismo suele apropiarse de ideas exitosas de otras personas y las expresa como propias.

Confunde a sus víctimas al dar al mismo tiempo dos mensajes no sólo distintos, sino incluso opuestos, de tal modo que si se obedece uno, automáticamente se desobedece el otro. La paradoja que lo representaría es: "Está prohibido prohibir". Un ejemplo de esto sería cuando alguien le dice a su hijo: "Todavía sos muy chico, ¡hacé lo que yo te digo!, asumí responsabilidades que ya es hora de que lo hagas".

Otro ejemplo es el de quien reclama: "Vos nunca me das un beso", y cuando lo recibe: "Me lo das porque yo te lo pedí, así no tiene valor".

La intención y el resultado es que, haga lo que haga, la persona manipulada quedará en falta o no logrará complacerlo.

De todas las formas de actuar del manipulador se desprende el uso distorsionado que hace de la comunicación. Por la complejidad que esto supone, creímos necesario hacer un apartado sobre el uso de la comunicación en la manipulación.

CAPÍTULO 4

La comunicación manipuladora

La principal característica del manipulador es el uso atípico que hace de la comunicación. No comunica de forma clara y directa sus necesidades, sus opiniones, sus sentimientos o sus demandas. No suele escuchar respetuosamente ni con el tiempo suficiente lo que los demás exponen, salvo cuando la situación le resulta favorable.

La comunicación verbal es escasa; no necesita hablar mucho ya que con pequeños movimientos desestabilizadores logrará captar la atención. Sus palabras, sus gestos o sus silencios, comunican constantemente su descalificación, su desacuerdo o su crítica, con lo que logra que los otros tengan la sensación de estar haciendo las cosas mal. Una ceja levantada, una sonrisa socarrona, un pequeño movimiento de hombros le bastan para insinuar sin decir. La violencia subyacente se percibe aunque no llegue a ser expresada verbalmente, convirtiéndose, de esta forma, en un generador de angustia.

El silencio o la negación de una comunicación directa es, quizás, el instrumento de destrucción por excelencia de los manipuladores, ya que la persona agredida, al verse obligada a reclamar respuestas o aclaraciones, expone sus flancos débiles, lo que es rápidamente aprovechado por el manipulador.

Cuando no está presente y, por lo tanto, no puede influenciar a su víctima con el gesto o la mirada, utiliza las palabras para expresar toda su destructiva violencia contenida.

¿QUÉ RÉDITO OBTIENE EL MANIPULADOR AL REHUSARSE A MANTENER UNA COMUNICACIÓN CLARA?

1. La imprecisión de su mensaje lo ayuda a generar la suficiente confusión como para **no sentirse atrapado ni descubierto en sus maniobras.**
2. La falta de claridad al comunicar le proporciona **un refugio desde el cual se enmascara con una aparente autoridad** que utiliza para hacer creer a los otros que él sabe más o tiene mayor información que ellos.
3. Al ser impreciso en la comunicación deja un amplio margen para la interpretación del que lo escucha. Esto lo utilizará luego **para cambiar sobre la marcha sus opiniones y descolocar así a su interlocutor.**
4. Otro de los beneficios que encuentra el manipulador en utilizar una comunicación deficiente es el de **no asumir responsabilidades por lo que dice,** dado que siempre podrá decir que en realidad fue mal interpretado. No olvidemos que estos personajes son especialistas "en poner la culpa afuera".

5. Saca ventaja de cualquier situación. Utiliza el más mínimo error de su interlocutor para **poder descalificarlo, y así obtener superioridad o dominio sobre él.**

6. La imprecisión también le sirve para agregar un halo de misterio a lo que dice, esto generalmente tiene el beneficio complementario de **la seducción por el misterio.**

¿QUÉ RECURSOS UTILIZA PARA EVITAR UNA COMUNICACIÓN DIRECTA O PRECISA?

a) Usa respuestas evasivas para que el otro se maneje con supuestos.

Hace acotaciones periféricas, sin responder directamente a lo que se le pregunta. Esto le resulta más ventajoso porque le da la posibilidad de cambiar lo que dijo frente a la interpretación de su interlocutor.

Ejemplo:

MADRE DE ANA: ¿Fue Ana a devolver el DVD que alquiló?

PADRE DE ANA: ¡Ya sabés que tiene la cabeza en cualquier parte!

MADRE DE ANA: ¿Entonces no fue a devolverlo?

PADRE DE ANA: Yo no dije que no había devuelto el DVD.

Al no responder con precisión, deja que el otro se maneje con supuestos, lo cual le permite a él cambiar el mensaje sobre la marcha si esto fuera necesario.

b) Hace peticiones de forma indirecta.

El mecanismo es requerir de manera indirecta lo que necesita en lugar de hacerlo en forma llana. Un ejemplo para iniciar un diálogo que le permita pedir prestado un automóvil: "Vos nunca salís los sábados, ¿no?", en lugar de decir: "¿Me prestás el auto el sábado si no lo usas?" De esta forma obtiene *a priori* más información que utiliza para dificultarle a su interlocutor la posibilidad de negarse.

Otro caso de petición indirecta:

PERSONA A: ¿Estás ocupada?

PERSONA B: Sí, algo ocupada.

PERSONA A: Porque hay unos cheques para depositar.

En lugar de decir: "Por favor necesito que vayas al banco, ¿podrías?"

Siempre usa caminos indirectos e ignora la respuesta que no le facilite la posibilidad de satisfacer su deseo.

De todas formas, aunque el otro le diga que está ocupado, el manipulador se las ingeniará para lograr lo que quiere.

c) Falsea los hechos para obtener información.

Aplica la estrategia de hacer una pregunta en la que incluye un elemento erróneo a sabiendas. Como ejemplo veamos el caso en el que se encuentran dos personas, un hombre y una mujer, en el ascensor de un edificio:

HOMBRE: ¿Vos sos la recién casada que se mudó al 3° "A"?

MUJER: ¡No!... Yo SÍ vivo en el 3° "A", pero nunca me casé, es más, vivo sola.

HOMBRE: ¡Ah! Porque me habían dicho que allí vivía y daba clases una profesora de inglés y yo necesito tomar algunas clases.

MUJER: ¡No! Yo trabajo todo el día en una empresa, jamás di clases de inglés.

Nuestro sujeto entonces ha obtenido la información que quería.

Esta práctica incluso es utilizada en Internet para sorprender a incautos.

d) Siembra cizaña para provocar sospechas.

Provocando sospechas, para lo cual tiene una especial capacidad, logra conmocionar a su interlocutor: "Mirá, yo te lo digo porque prefiero que te enteres por mí y no por alguien que no es de tu familia, tu marido está saliendo con otra mujer".

Otro ejemplo típico sería la llamada telefónica anónima para avisar, aclarando una supuesta buena intención de alertar: "Te habla alguien que te aprecia y no quiere que pases por tonta, esto es *vox populi* en la oficina, tu marido sale con su secretaria. ¿Vos lo sabías?"

La trampa consiste en dejar imposibilitada de reacción a la persona que recibe la información, ya que utiliza una lógica falsa y logra conmocionar al otro con el supuesto de estar haciéndole un "favor".

De esta forma el manipulador obtiene un goce del que el interlocutor no tiene registro como consecuencia del impacto recibido.

e) Desvaloriza mediante la crítica.

La crítica le resulta al manipulador el campo perfecto para la descalificación y desvalorización. Esta crítica puede ser abierta o insinuada. Un ejemplo de esta última podría ser el siguiente: "Yo no puedo entender como vos que sos tan inteligente para todo, no puedas resolver esto que cualquier tonto lo haría".

La crítica sostenida y sistemática (sobre todo en la niñez)[14]

14 Cuando esto ocurre durante la niñez de una persona, es muy probable que habilite el camino a una futura nueva víctima de manipulación cuando llegue

termina por convencer a la persona que la recibe de su incapacidad para tomar sus propias resoluciones.

f) Usa insinuaciones o frases incompletas.

Las insinuaciones le sirven para no ser claro, para sugerir, para transmitir mensajes perturbadores sin comprometerse.

Las frases incompletas contribuyen al objetivo de propiciar diferentes interpretaciones que le permiten al manipulador elegir la que le resulte más favorable: "Yo sé que esto no es asunto mío pero... No, mejor no digo nada". Al mismo tiempo, emplea también el recurso del misterio para captar la atención.

g) Utiliza discursos contradictorios.

Como sus declaraciones no responden a una concordancia lógica, puede sostener a la vez varios discursos contradictorios. Los utiliza según las situaciones o personas que tenga enfrente. Muchas veces sorprende a sus allegados, haciendo frente a terceros declaraciones totalmente opuestas a las que sostiene a diario. Puede incluso sostener diferentes ideas éticas o políticas para coincidir con su interlocutor si esto le resulta conveniente.

h) Emplea generalidades socialmente aceptadas desde los usos y costumbres.

Estas generalidades le permiten al manipulador eximirse de todo juicio. Las toma como verdades universales y enmascara sus críticas, utilizando una agresión sutil con la que envía el

---

a la vida adulta. En el caso que se produzca una identificación con el manipulador es innecesario aclarar que en el futuro utilizará los mismos recursos para manipular.

mensaje a su interlocutor. Como cuando el manipulador hace un comentario en una reunión a la que sabe que asiste una persona que tiene dificultades en la relación con un hijo y dice: "Cuando los padres no se ocupan como debieran de los hijos, después se lamentan".

i) Recurre a la ironía presentándola como un toque de humor.

El manipulador es un especialista en el uso de la ironía, ya que ésta es una agresión solapada que le permite enviar mensajes descalificadores a su interlocutor, incluso en forma pública, simulando que se trata de una broma.

Es relevante destacar la diferencia entre el humor y la ironía, ya que no tienen el mismo fin. El humor es placentero y sano, mientras que la ironía puede usarse como un arma para herir profundamente. La trampa consiste en que si el interlocutor se molesta por la ironía es acusado de "falta de humor". En su confusión, no atina a rechazar la manifestación irónica por temor a ser acusado de susceptible o de tener "mala onda".

j) Utiliza seudopredicciones.

Las seudopredicciones parecerían anunciar al "otro" que no puede escapar de un destino poco atrayente y le presentan un camino sembrado de dificultades y de desdichas. Quizás ésta sea una forma de minimizar sentimientos dolorosos que él percibió en sus propias experiencias difíciles. En parte, el temor y la inseguridad que procura provocar en los demás le generan una ilusión de seguridad a él mismo. De esta forma, pone su temor fuera: "Vos te podrás matar estudiando, pero a gerente llegan los acomodados".

k) Trata de hacerle creer a su interlocutor que ignora cosas que debería saber.

Tiene una actitud oscurantista mediante el empleo de términos demasiado técnicos o palabras en otro idioma con mucha naturalidad. Necesita hacerle creer a su interlocutor que, en términos de información, está en inferioridad de condiciones: "Hoy en día el que no accede a Internet es un analfabeto funcional".

Envía el siguiente metamensaje: "Si fueses lo suficientemente inteligente o si te hubieras informado, lo deberías saber".

Ésta es la razón por la cual, en muchos casos, las personas no se atreven a intervenir en la conversación o sienten temor a preguntar para no parecer tontos o ignorantes.

l) Tiene gran habilidad para desviarse de una conversación que le resulta desventajosa.

Utiliza con esmero falacias de argumentación, que le permiten focalizar el eje en cuestiones periféricas y apartarse del núcleo de la charla o cambiarlo por otro tema. Dice por ejemplo: "Disculpá, dejame decirte esto porque si no me olvido...". O en medio de un diálogo sustancial, interrumpe: "Escuchá, escuchá la noticia que está dando la tele" (noticia sin demasiada trascendencia).

Después de unos segundos nos damos cuenta de que ya no volvimos al tema inicial.

¿CUÁNDO SE APARTA EL MANIPULADOR DE LA CONVERSACIÓN?

1. Cuando su ansiedad no le permite detenerse a escuchar al otro respetando sus tiempos.

2. Cuando alguien no está de acuerdo con lo que él dice o piensa.

3. Cuando el tema de la conversación no le resulta demasiado conocido y no quiere que esto se note.

4. Cuando otra persona está desarrollando el tema brillantemente y se siente en inferioridad de condiciones o deja de sentirse el centro de la situación.

5. Cuando le incomoda o resulta peligroso para su imagen lo que se está diciendo.

6. Cuando carece de argumentos sólidos que le permitan demostrar que lo que está afirmando es el punto de vista correcto.

7. Cuando cae en inconsistencias y se lo hacen notar.

8. Cuando intenta criticar o desvalorizar solapadamente a su interlocutor y le envía el mensaje de que "lo que está escuchando es irrelevante".

Esta lista podría ser mucho más extensa. La creatividad del manipulador para eludir las situaciones que no le sirven está empíricamente confirmada.

CAPÍTULO 5

Cómo se genera la trampa

Vamos a considerar a la persona manipulada como una **doble** víctima.

- Víctima de la situación
- Víctima de la incomprensión ajena

La víctima del manipulador, fascinada en un primer momento por la seducción y el engaño con el que se aproxima el victimario, entra en una conexión comparable al "trance hipnótico" por el cual su voluntad queda atrapada en una tela de araña encantadora.

En una segunda instancia, cuando su relación con el manipulador ya está instalada, su círculo afectivo, su entorno, no comprende cómo no puede sustraerse de la situación en la que está atrapada. Vuelve entonces, a ser victimizada por la incomprensión de los otros y es enjuiciada y condenada por medio de opiniones tales como: "Si se queda es porque le gusta...". "Aguanta por interés...", etc.

En la sociedad argentina está muy arraigado el concepto de "algo habrán hecho" (para merecer lo que les ocurre). Esto funciona como una defensa, ya que atribuir a la víctima el merecimiento de castigo nos tranquiliza al pensar que "nosotros no hicimos lo mismo que ella", razón por la cual estaremos eximidos de ser castigados.

Esta actitud, que refleja una aceptación de la culpabilización de la víctima y que no es exclusiva de la sociedad argentina, sirve como excusa para no comprometerse. Tan arraigada está en nuestra cultura la falta de compromiso que se popularizó la frase: "Yo, argentino"[15].

¿CUÁL ES EL PUNTO DE COINCIDENCIA ENTRE MANIPULADO Y MANIPULADOR?

Existe una característica común entre ambos, algo concuerda en la estructura de base de sus personalidades: **la inseguridad.** Y la inseguridad tiene estrecha relación con la baja autoestima.

La autoestima es aprender a querernos y respetarnos, es algo que se construye o reconstruye por dentro y que depende principalmente del ambiente familiar en el que hemos sido criados, y de los estímulos y valoraciones recibidos en ese entorno significativo.

El porqué de la importancia del desarrollo de una buena autoestima se explica mejor observando las consecuencias que

15 La expresión "Yo, argentino" en la cultura popular argentina significa "Yo me lavo las manos como Poncio Pilatos" o "No me implico" o "No me comprometo".

se producen cuando ésta no se ha logrado. Casi todos los conflictos psicológicos, desde la inmadurez emocional, el temor ante la intimidad, el miedo al éxito o al fracaso, el abuso de sustancias, hasta el maltrato a mujeres, niños o a todo aquel a quien se considere más débil, alcanzando incluso a situaciones extremas como el suicidio o el crimen, pueden atribuirse a una autoestima deficiente.

De todos los juicios a los que somos sometidos a diario durante el transcurso de nuestra vida, ninguno adquiere tanta importancia como el que hacemos de nosotros mismos. La manera en que nos imaginamos ser afecta posiblemente en forma decisiva todos los aspectos de nuestra existencia, desde el modo en que funcionamos en distintas áreas hasta las posibilidades que tenemos de desarrollarnos. Los acontecimientos de nuestra vida son el reflejo de la visión íntima que poseemos de nosotros.

La autoestima positiva es la clave para comprendernos y comprender a los demás. Nos permite, además, el reconocimiento de nuestras capacidades y nos habilita para confiar en nosotros mismos. Todas las personas tenemos un valor, no es necesario ser el o la mejor, alcanza con saber que somos capaces de hacer nuestro mejor esfuerzo y quedar satisfechos. Esto permite apreciarnos con nuestras limitaciones, emociones, sentimientos, necesidades, etc., aceptando que éste es el equipaje que tenemos para recorrer nuestra existencia. También tomando en cuenta que hay conductas o rasgos de nosotros que podemos modificar.

La forma en que nos autoevaluamos o autovalorizamos depende de un área cognitivo-intelectual, es decir, nuestras ideas, nuestro sistema de creencias, cómo interpretamos la información recibida del mundo externo, nuestras opiniones, etc.; de un área emocional-afectiva, que tiene que ver con la forma o proceso por medio del cual hacemos un juicio de valor acerca de nuestras cualidades personales y de un área conductual, que es de alguna manera la consecuencia de las dos áreas anteriores. Según nuestro sistema de creencias y de la valoración que hagamos de nuestras capacidades, actuaremos. Es esta última área la que nos permite tomar la decisión de actuar y nos indica cómo hacerlo. Hay, entonces, una marcada relación entre autoestima y confianza en nosotros mismos. La falta de esta última puede deberse tanto a experiencias traumáticas vividas en la infancia, como a los mensajes de descalificación o desvalorización transmitidos por los adultos significativos de nuestro entorno, que constituyen verdaderas barreras en la constitución de la autoestima. Con frecuencia, se conservan ciertas cargas emocionales muy perjudiciales y destructivas tales como la culpa, el rencor, el miedo; todos ellos estados emocionales que impiden nuestro desarrollo como seres humanos completos y consumados.

Si el manipulador y su víctima comparten una personalidad insegura, cabe preguntarse cuáles son las actitudes en las que se reflejará la baja autoestima en cada uno de ellos.

ACTITUDES DEL MANIPULADOR

El manipulador tiene una evidente **hipersensibilidad a la crítica**. No acepta sus equivocaciones: "No, yo nunca dije eso... vos me interpretaste mal". Siente que la crítica comprueba y expone su inferioridad y eso aumenta su malestar: "Claro, ustedes creen que son perfectos... que nunca se equivocan".

Sobrealardea para darse más seguridad. Piensa que así puede eliminar sus sentimientos de inferioridad: "Vos sí que tuviste suerte, te sacaste la lotería conmigo".

Se manifiesta **hipercrítico**. Ésta es una defensa para desviar la atención de sus limitaciones. Es agresivo y critica el esfuerzo de los demás para distraer la atención sobre sus propias fallas y establecer una superioridad ilusoria: "Pensá, usá de vez en cuando la cabeza, si no estuviera yo no sé qué harías".

Tiende a culpar. Proyecta su sentimiento de debilidad o inferioridad para culpar a otros por sus errores; se siente bien cuando logra que los demás se sientan mal.

MANIPULADOR: Vos te comprometiste a llevar a mi madre al médico, no me vengas ahora con eso de que no llegás a tiempo. Cuando uno se compromete tiene que cumplir.

VÍCTIMA: Tenía toda la intención de hacerlo, pero hay un tránsito terrible, te llamé porque veo que no llego y vos estás en casa.

MANIPULADOR: No me vengas con excusas, cuando uno se compromete tiene que cumplir.

Teme a la competencia. Aún estando ansioso por ganar, se rehúsa a tomar parte en situaciones donde pueda quedar en descubierto su vulnerabilidad. No compite con cualquiera: "Yo soy el *number one*, mirá si voy a gastar mis energías jugando con ese pichi".

Se siente hostigado. Cuando cree que no agrada a alguna persona, piensa que todo lo que ésta hace tiene la intención de molestarlo: "Si no me tragan, yo no pienso ir a ese asado... te invitan y después no te dan ni la hora".

Una frase representativa del pensamiento de un manipulador podría ser: "¡A nadie le importó nada, nadie me tiene en cuenta! ¡Si no sigo gritando, nadie me hará caso!"

ACTITUDES DE LA VÍCTIMA DE MANIPULACIÓN

La persona manipulada tiene una autoestima deficiente que se manifiesta con una **autocrítica dura y excesiva,** que la mantiene en un estado de insatisfacción consigo misma. "No, no me digas que no tiene importancia, no tengo perdón, soy una idiota, sólo yo podría olvidarme de traerte el lápiz labial que me pediste prestado".

Posee una **indecisión crónica** que no se debe a falta de formación o de información, sino al temor exagerado a equivocarse: "¿Te parece que le pregunte? ¿No lo tomará a mal?... Parece que está ocupado, mejor no le digo nada".

Es **hipercomplaciente,** razón por la cual no se atreve a decir NO, por miedo a desagradar o a perder la buena opinión que su interlocutor tiene de ella: "No te preocupes, yo te lo llevo, a mí no me cuesta nada, salgo dos horas antes del trabajo y te lo alcanzo".

A estas personas, el **perfeccionismo y la autoexigencia** pueden llevarlas a un desmoronamiento interno cuando los resultados no concuerdan con sus expectativas: "No, no me echaron ni me dijeron nada, pero yo ya estoy buscando otro trabajo. Sé que no fue responsabilidad mía, pero el informe salió un día después de lo acordado y yo no soporto no cumplir". Su culpabilidad neurótica hace que exagere la magnitud de sus errores y se condene, llegando a no perdonarse nunca por completo.

Su frase interna representativa podría ser: "¡Debo mantener contento a todo el mundo para que así todos me quieran!"

Como ejemplo se destaca el caso de dos amigas, Inés y Gabriela, que habían acordado reunirse un sábado a la mañana temprano en casa de Gabriela para trabajar en un importante proyecto laboral que compartían. Gabriela esperaría con su auto a Inés que llegaría a la estación próxima a su casa, realizarían una compra y luego se concentrarían todo el día en el trabajo. Si bien Gabriela era una persona muy seria y responsable, esa mañana su despertador agotó las pilas y dejó de funcionar, por lo cual Gabriela se quedó dormida. Cuando el sonido del teléfono la despertó e Inés le dijo que hacía veinte minutos que estaba esperándola en la estación, no tenía ni explicación ni consuelo sobre lo que ella vivió como una falta imperdonable. Pasó todo el día angustiada y pidiéndole disculpas a su amiga. La vulnerabilidad de Gabriela y el exceso de sentimiento de culpabilidad, la dejaron a merced de Inés, que no desaprovechó la oportunidad para sacar ventajas y hacer que Gabriela se sintiera en deuda con ella.

Con semejanzas y diferencias, manipulador y manipulado se sienten impotentes e incompetentes frente a su inseguridad. Ambos son desnutridos emocionales, porque ambos padecieron carencias parecidas, sólo que tomaron distintos caminos de resolución. A pesar de tener en común la inseguridad, uno y otro parecen vivir en dos realidades psicológicas diferentes. Aprendieron, como intento de resolución a los conflictos, a manejar el poder de dos maneras distintas. El manipulador ejerce el poder sobre quien percibe como vulnerable y el manipulado lo entrega a quien percibe con autoridad.

¿POR QUÉ MANIPULA EL MANIPULADOR?

La persona manipuladora utiliza lo que podríamos llamar un poder que se expresa en forma de control y dominación, es un poder **sobre**[16]. ¿Sobre qué? Sobre otra persona. Este modelo seguramente fue copiado de las formas que los adultos utilizaron en su crianza. Un método tóxico de crianza es el que controla las conductas del niño mediante el abuso de poder. Esta situación, en la que el niño está indefenso, causa un daño psicológico de tal magnitud que el profundo dolor sufrido, de no existir una elaboración posterior adecuada, lo llevará a procurar y perpetuar el abuso de poder, transformándose en abusivo él mismo[17]. Éste es el mecanismo de "hacer activo en mí lo sufrido pasivamente", y la ilusión de poder del manipulador sólo se mantiene mientras tiene a otra persona sobre la cual ejercerlo. No acepta la franqueza ni la calidez de las otras personas, pues éstas son cualidades que envidia, al mismo tiempo que teme tenerlas, pues en su realidad son vividas como sinónimo de debilidad, algo que él no se puede permitir en esa batalla en la que siente que "se juega la vida". El manipulador responde a un modelo autoritario de concepción del mundo, desde el cual percibe peligro y actúa en consecuencia. El modelo autoritario en el cual se mueve es el del poder sobre otras personas.

16 Patricia Evans, que ha investigado el tema del abuso verbal, dice que el descubrimiento más sorprendente y significativo que hizo en la investigación fue que el abusador y su compañera parecían vivir en dos realidades distintas, con dos usos del poder diferentes. Realidad 1: el Poder Sobre Realidad 2: el Poder Personal.
17 Alice Miller en su libro *Por su propio bien* dice que la pedagogía venenosa es el método tóxico de enseñanza de estos niños. Esta pedagogía venenosa es un método que controla la conducta del niño mediante el abuso del poder sobre él.

¿POR QUÉ ALGUNAS PERSONAS SON VULNERABLES A SER MANIPULADAS?

Todas las personas tenemos puntos débiles, pero hay personalidades más vulnerables que otras, porque tienen ciertos traumas de la infancia no resueltos. La pérdida de un progenitor a edad temprana, la convivencia con adultos manipuladores en su entorno afectivo, madre o padre abandónicos, una educación represiva, entre otras razones, podrían ser la génesis de dicha vulnerabilidad. En esa realidad "donde los otros todo lo sabían" ha aprendido que no debe sentirse herido aunque lo esté, pero sobre todo ha aprendido que, de alguna manera, por incomprensible que parezca, es responsable de lo que le ocurre. Puede sufrir el maltrato y sentirse merecedor de él.

Estas personas han sufrido, pero en lugar de transformar el sufrimiento en necesidad de dominio, lograron sentir empatía y comprensión por los demás.

¿Qué buscan? Básicamente ser amadas o, mejor dicho, sentirse dignas de ser amadas. Han crecido con la idea de que es necesario ser complacientes para ser elegidas como objeto de amor. De ahí que muchas de sus características estén relacionadas con el modelo ideal que construyeron y que creen que deben cumplir.

Las personas vulnerables temen fundamentalmente el conflicto; temen ofender, desagradar, herir al otro, pero sobre todo tienen miedo de dejar de ser queridas y apreciadas. No podrían soportar el rechazo y se vuelven cada vez más vulnerables frente a esos sentimientos y emociones. No aprendieron a confiar en su propio juicio crítico y, por lo tanto, entregan la evaluación de sus acciones a la mirada u opinión de los otros. La ingenuidad es otra de las características y se manifiesta al tomar "al pie de la letra" las palabras, promesas, críticas, culpas vertidas por quien manipula. Se desestabilizan fácilmente y éste es el punto de enganche que aprovecha el manipulador. Quienes hayan podido conservar cierta capacidad de reacción y/o de rebeldía, pueden protegerse mejor.

¿QUÉ QUIEREN DECIR CUANDO DICEN "TE AMO"?

Es factible deducir que para el manipulador el decir "te amo" signifique: **ámame** y para la persona manipulada, **¿podrías amarme?**

Algunas características generales de las personas manipuladas:

1. Son personas que no confían en sí mismas.
2. Son excesivamente confiadas en los otros.
3. No saben decodificar de manera eficiente los mensajes subyacentes en la comunicación del manipulador. Toman al pie de la letra la expresión verbal sin captar los tonos, los gestos, los ritmos. Es decir, todo lo que le da significado al discurso.
4. Dudan de sus propias capacidades y esto las hace más vulnerables a las críticas y descalificaciones.
5. Pueden ser personas escrupulosas y con cierta tendencia natural a culpabilizarse. Esto resulta muy funcional al manipulador, ya que carga también con las culpas de éste.
6. Son personas con gran capacidad de trabajo.
7. Se hacen cargo, entre otras cosas, del cuidado de las relaciones afectivas y sociales de su entorno.
8. Pueden ser muy ordenadas laboralmente y no escatiman esfuerzos para lograr que todo salga "como debe ser".

9. No les cuesta sacrificarse por los demás.

10. Les cuesta aceptar la ayuda de los demás.

11. Trabajan más que el común de las personas pudiendo llegar incluso al agotamiento.

12. Les cuesta poner límites.

13. Son muy tolerantes y comprensivas.

14. Suelen perdonar aun lo imperdonable.

15. Suelen ser personas muy generosas.

16. Suelen estar siempre disponibles.

17. Cuando se comete un error tienden a hacerse cargo.

18. Son muy autocríticas y suelen autoculparse.

19. Sobrevaloran la posesión propia o ajena de bienes culturales o materiales.

20. Tratan de disimular su inseguridad esforzándose en dar una buena imagen personal.

21. Pueden ser personas ingenuas y crédulas aunque den la imagen contraria.

22. Al no tener malas intenciones, frente a una situación conflictiva tratan de dar explicaciones repetidamente (explican, explican y explican).

23. Son personas con gran poder de adaptación; en realidad son sobreadaptadas.

24. Piensan que mediante su esfuerzo pueden llegar a cambiar al manipulador.

25. Durante su infancia vivieron situaciones traumáticas debido a la proximidad de algún manipulador entre los adultos significativos de su entorno.

26. Son personas extremadamente permisivas con sus hijos por aquello de: "No quiero que sufra lo que sufrí yo...".

CAPÍTULO 6

Estrategia y tácticas de preservación

Para hablar de estrategia[18] de preservación es necesario primero diferenciar dos tipos de vínculos. Por un lado, están los vínculos predeterminados o lazos sanguíneos; por otro, los vínculos por elección (amigos, pareja, etc.).

Pero, desde el punto de vista de la manipulación, ambos no ofrecen demasiada diferenciación en cuanto a las tácticas[19] de preservación a emplear.

¿Por qué? Porque si bien los vínculos predeterminados parecen de imposible ruptura, hay instancias en las que no queda otra alternativa que afrontarla. Se toman, entonces, las mismas decisiones y por las mismas razones que ante los vínculos por elección.

18 Entendemos por estrategia al conjunto de acciones que se llevan a cabo para lograr un determinado fin.
19 Las tácticas son herramientas o conjunto de acciones que conforman la estrategia.

Los lazos de sangre (padres, hijos, hermanos, etc.) no dan inmunidad ni seguridad de que no existan las mismas manipulaciones y abusos que en las relaciones por elección.

Los sentimientos y los prejuicios hacen que muchas veces esta relación se perpetúe, en el supuesto de que no hay otra alternativa. Pero cuando está en riesgo la vida o la integridad psíquica y emocional de una persona, no queda más opción que poner distancia para preservarse.

Los hospitales reciben con frecuencia a víctimas cuyas vidas corren peligro luego de haber sido maltratadas por un progenitor o un familiar cercano. Las comisarías reciben denuncias sobre chicos que han abandonado su casa en un intento de "huida hacia la salud", debido al infierno de una convivencia abusiva.

En cuanto a los vínculos por elección, como, por ejemplo, en el caso de una relación distorsionada de pareja (manipulado/ manipulador) es frecuente escuchar distintas opiniones entre las personas del entorno. La más usual es la que dice que "deberían separarse, cortando por lo sano".

Si bien pensamos que nadie tiene derecho a decidir sobre los sentimientos de otras personas, coincidimos en señalar que hay casos en los que inevitablemente la separación se ve como única salida. A riesgo de ser reiterativas, insistimos en que estos casos son aquellos en los que está en riesgo la vida o la integridad psíquica y emocional de la persona manipulada. Diremos que ésta NO está destinada irremediablemente a tener que soportar los embates del manipulador.

Por otra parte, existen vínculos que pueden mejorarse. Hay elecciones de vida en las que una persona decide mantener la relación trabajando para modificarla favorablemente. Es de fundamental importancia aprender a mejorar dichos vínculos **sin perder de vista el respeto por la propia persona y recordando que vincularse no es someterse.**

Hay personas que no caen en las trampas de los manipuladores, y es posible observarlas para aprender de ellas. Según Isabelle Nazare-Aga: "... los manipuladores se apartan rápidamente de las personas insensibles a su poder, un poder de provocar, como mínimo, emociones desestabilizadoras"[20].

¿CÓMO DEFENDERSE DE LA INFLUENCIA DE UN MANIPULADOR?

Así como el manipulador cambia de camuflajes o disfraces según la situación, el manipulado no debe cambiar de estrategia, pero sí deberá ir alternando las tácticas convenientes ante cada caso. Esto implica un enorme gasto de energía psíquica, empleada al solo efecto de neutralizar los embates del manipulador y con el objetivo de poder llevar adelante la relación.

Explicando esto con una metáfora, podríamos decir que la relación manipulado/manipulador es semejante a la de una pareja que baila un tango. Cualquier observador de la escena podría ver que hay entre ellos un código por el cual cuando uno da un paso hacia adelante el otro retrocede y van cambiando, fluctuando, adaptándose a un ritmo, que es siempre el mismo. Si no existiera este movimiento de retroceder cuando el otro avanza, al-

---

20 Isabelle Nazare-Aga, *Les manipulateurs sont parmi nous*, Les Éditions de l'Home, 1997.

guien podría terminar en el suelo. Pero se adaptan, se complementan y pueden permanecer en la pista de baile hasta que uno de los dos resuelva retirarse o cambiar de ritmo musical.

Es muy simbólico que el tango no pueda ser bailado por una persona sola, siempre se baila en pareja. Es necesario tener un *partenaire*.

Además, la característica de este tipo de música es su carácter melancólico, en el que el sentimiento se confunde o se valora por el sufrimiento:

"Tres cosas lleva mi alma herida: amor... pesar... dolor..."[21].

"Primero hay que saber sufrir, después amar, después partir..."[22].

Retirarse o cambiar de ritmo serían tácticas convenientes, dado que, bailando siempre el mismo tango, se va produciendo entre ambos una situación crónica de adaptación buena para el baile, pero no para la vida.

LA CONVENIENCIA DE ESTAR ATENTO Y CAMBIAR

Ya vimos que el manipulador es una persona de gran perspicacia e intuición especial para identificar cuáles son los puntos de vulnerabilidad del otro y cambiar sus tácticas. Es decir, si observa que la víctima se fortaleció en un aspecto buscará otro en el

21 "Los Mareados", tango cuya letra pertenece a Enrique Cadícamo y su música a J. C. Cobián.
22 "Naranjo en flor", tango cuya letra pertenece a Homero Aldo Expósito y su música a Virgilio Hugo Expósito.

que la vulnerabilidad persista. Si el manipulado persiste en el uso de la misma táctica defensiva corre varios riesgos:

- que la táctica deje de ser eficaz porque se desgasta;
- que el manipulado dude de su capacidad para defenderse;
- que el manipulado considere que la defensa es imposible;
- que el manipulado se contagie del manipulador. Esto se refiere a querer manejar al otro y no la relación.

ESTRATEGIA DE DEFENSA

Lo primero que el manipulado debe comprender es que resulta muy difícil que el manipulador cambie. Tomando conciencia de la dificultad que esto representa, se debe elaborar el duelo por no poder llegar a tener nunca una relación ideal con él. Es importante que tome conciencia de la necesidad de abandonar la posición que hasta ese momento sostenía y comprenda que tiene el derecho de actuar para impedir la manipulación. Recién entonces podrá elaborar una estrategia de defensa efectiva.

Cuando alguien acude al nutricionista con el propósito de bajar de peso, lo primero que éste dice es que no sirve de nada hacer una dieta de manera transitoria para volver, después de bajar de peso, a los hábitos alimenticios anteriores. Por lo general se produce una acción rebote y se recuperan más kilos que los que se perdieron con la dieta. Lo que sí resulta efectivo es cambiar de manera definitiva los hábitos alimentarios. Aplicando esta analogía al problema de la manipulación, podríamos decir que lo único que sirve como estrategia para modificar la situación es cambiar la actitud general que el manipulado sostiene frente al manipulador.

Cuando uno se propone llevar adelante un cambio general de actitud frente a un manipulador, es posible que se cuestione a sí mismo los procedimientos que deberá emplear para llevar adelante esta modificación.

Entre los principales cuestionamientos, mencionaremos algunos de los más frecuentemente escuchados: "Yo soy muy auténtico y no sería capaz de...". "Sería como una invitación a la hipocresía, yo no hago esas cosas". "Me voy a convertir en un manipulador yo también". "Soy transparente...". "Yo estoy acostumbrado a ir de frente...".

Pero, atención, debemos tener en cuenta que no es posible comportarse de la misma forma con un manipulador que con una persona que no lo es. Hay que aprender a usar protecciones, del mismo modo que un policía no va a un operativo sin su chaleco antibalas.
Es decir, el manipulado está a merced de su propia decisión.

Por otra parte, es necesario enfatizar que éste es un proceso; no es posible realizar el cambio de un día para el otro. Es como un mecanismo que hay que desarticular y que requerirá mucha paciencia y constancia.

Tampoco se podrán obtener resultados inmediatos. Es inevitable que modifique el sistema de creencias respecto de la posibilidad de que la persona manipuladora cambie espontáneamente.

¿Qué hay que cambiar para preservarse de un manipulador?

La modificación sólo puede conseguirse mediante un cambio personal. Hay que variar el comportamiento, tomar conciencia de que la utilización de tácticas autodefensivas puede ayudar a que el vínculo que se mantiene con el manipulador no se destruya ni lo destruya.

TÁCTICAS ÚTILES PARA PRESERVARSE

1. No se justifique

La primera y principal de las tácticas es no justificarse. El manipulador tratará por todos los medios de lograrlo para ejercer su dominio o para demostrar su superioridad. La justificación y el rendir cuentas de sus actos y decisiones personales implican la sumisión frente a él.

Un ejemplo tomado de un caso real ilustrará esta táctica:

Una señora reservó un domingo al mediodía una mesa para siete personas en un restaurante cercano, para un almuerzo familiar. A último momento, alguien que no pensaba ir al almuerzo anuncia su presencia con lo cual la mujer considera apropiado modificar la reserva avisando al restaurante que en lugar de siete serán ocho comensales. Al llamar al restaurante se da cuenta de que quien la atiende no estaba al tanto de la reserva por lo que le pregunta.

EMPLEADO DEL RESTAURANTE: ¿Con quién habló cuando hizo la reserva?

SEÑORA: No tengo idea, no pensé que era necesario preguntarle el nombre a quien atendió.

EMPLEADO DEL RESTAURANTE: Bueno, bueno, ya anoto una reserva para ocho personas.

Al cortar le comenta a su marido la falta de seriedad de la gente del restaurante y la imagen negativa que este hecho genera en el cliente.

MARIDO DE LA SEÑORA: Estuviste mal, deberías haberle preguntado cómo no tenía tomada la reserva.

SEÑORA: Bueno, lo que le dije es lo mismo, pero más sutil. No pensé que era necesario preguntarle el nombre a quien atendió.

MARIDO DE LA SEÑORA: Ves, siempre haciendo todo mal, deberías haberle preguntado: "¿Cómo no tiene tomada la reserva?" No puedo entender cómo no te das cuenta de cosas tan elementales, la próxima vez usá la cabeza cuando hagas algo.

Esta situación tiene dos salidas:

a) Entrar en una polémica sin sentido dándole al manipulador la posibilidad de continuar con la descalificación y el menosprecio de la víctima. Justificarse diciéndole que hay muchas maneras de expresar la misma cosa, que no se trata de una cuestión de vida o muerte; que él siempre piensa que la mejor forma de hacer o decir algo es la suya; enojarse por la descalificación; tratar de hacerle entender que está equivocado; enfurecerse e irse dando un portazo, etc. Pero su experiencia anterior le indica que todo ese esfuerzo sería infructuoso.

b) Usar una estrategia de protección. En este caso, la esposa utiliza el humor y la ironía. Le sonríe y mientras se va del lugar le dice: "Tenés razón, vos sabés hacer mejor estas cosas, la próxima vez, mejor reservá vos". Está claro que esto también es difícil y que requiere mucho autocontrol.

2. Sea sintético en la comunicación

Es necesario ser sintético en la comunicación. En tal sentido será conveniente usar frases cortas con el fin de beneficiarse con la menor exposición posible a las críticas. Es bueno recordar que

todo lo que diga "podrá ser usado en su contra". Si el manipulador insiste en que la víctima explique en detalle algún suceso,
queda el recurso de decir: "Es todo lo que sé". "No recuerdo
nada más". "Yo vi sólo eso". "No dejaron dicho con quién ven-
drían", etc.

3. Retacee la información que pueda luego ser utilizada para alterar planes o proyectos propios

Esta táctica es conveniente ponerla en práctica cuando ya se
tiene experiencia sobre planes frustrados a último momento por
el sabotaje de un manipulador. Una actitud frecuente por parte
de éste es la de estar *a priori* de acuerdo con algún plan de su
víctima, para luego abortarlo repentinamente y, si es posible, a
último momento. La víctima, confiada en la conformidad manifiesta del manipulador, aumenta sus expectativas placenteras
que se derrumbarán abruptamente al ser saboteado su plan. El
manipulador saboteador logra de esta forma dejar a su víctima
sumida en estado de desesperación e impotencia. Por ejemplo:
Marta, una joven soltera que vivía con su madre y hermanos,
tuvo que suspender reiteradamente un viaje de placer largamen-
te esperado porque su madre, quien la estimulaba a hacerlo, "se
enfermaba" cuando estaba lista la partida y mejoraba rápidamente cuando el viaje se suspendía. Éste es un recurso muy utilizado por algunas personas mayores. En estos casos puede ser
útil mantener en reserva los planes y anunciar la partida a último
momento.

4. Use el sentido del humor

El uso del sentido del humor es otra buena táctica, siempre y cuando el contexto así lo permita y la víctima se sienta con las fuerzas necesarias. Permítase bromear aun cuando hable de usted mismo. Por ejemplo, ante una serie de críticas molestas del manipulador, el interlocutor podrá sonreír ingenuamente y decir: "No sé cómo pudiste fijarte en mí... no hago ni una bien". "No sé cómo hacía antes de conocerte para arreglármelas solo". "Por las críticas que hacés, parece que me despreciaras, sin embargo si seguís a mi lado, algo bueno debo tener ¿no? Jajaja".

5. Utilice una comunicación poco precisa

Es conveniente utilizar una comunicación indefinida o poco precisa. Este recurso, utilizado también por el manipulador, le posibilitará estar expuesto en menor medida. Veámoslo con un ejemplo:

MANIPULADOR: ¿A qué hora regresas hoy?

INTERLOCUTOR: No lo sé con precisión, tengo que hacer varias cosas.

MANIPULADOR: ¿Pero cómo no vas a poder calcular el tiempo que tardarás en volver?

INTERLOCUTOR: Me encantaría poder contestarte, pero no depende de mí.

Si se estima una hora y después se llega más tarde, será acusado por la falta. Tampoco sirve decir una hora estimando tiempo de sobra, porque también podrá ser acusado de no saber calcular los tiempos.

Es útil tener a mano frases no comprometedoras tales como: "Es posible...". "¿Te parece?" "Puede ser...". "Mas o menos". "A veces".

6. Copie los refranes que utiliza el manipulador

El uso de proverbios, refranes y lugares comunes (frases hechas) puede ser un buen recurso, dado que el manipulador las usa como verdades indiscutibles. Es recomendable recordar las frases que usualmente utiliza el manipulador y aplicarlas en respuesta a algún reclamo o requerimiento de éste.

Por ejemplo, si cuestiona las amistades de su víctima, ésta podría responder: "Si buscas un amigo sin defectos te quedarás sin amigos". Otro ejemplo, cuando en una discusión, incluso por algo intrascendente, el manipulador trata por todos lo medios de quedarse con la última palabra, exclamar: "Zapata, si no la gana, la empata", frase que el manipulador frecuentemente dice cuando alguien le refuta su posición.

7. Utilice el modo impersonal

El modo impersonal permite ampararse en el anonimato, del mismo modo que ocurre con las generalidades. El "se hace" y "se dice" impersonal dará la sensación de que habla de otras personas, aunque el mensaje esté dirigido al manipulador: "Hay mucha gente que se cree dueña de la verdad y trata de imponer su punto de vista a los demás". "Como decía mi abuela, el que tiene la razón no necesita gritar". "Muchas personas tienen el hábito de menoscabar a otros para sentirse más importantes". "Es muy desagradable ver cómo la gente aprovecha la presencia de otras personas para pasarle factura a su pareja". Si el manipulador reacciona y pregunta: "¿Eso lo decís por mí?", se puede emplear el modo impersonal: "No, yo hablaba en general" y si se anima puede agregar: "Pero, al que le quepa el sayo que se lo ponga".

LA TRAMPA DE LOS MANIPULADORES

8. También es posible decir NO

Algunos manipuladores solicitan constantemente a los demás que hagan cosas por ellos. Tratan a las personas de su familia como si fueran sus empleados o sus lacayos. Un ejemplo típico es el de las personas que se resisten a usar las llaves de su casa porque prefieren tocar el timbre y que alguien acuda a abrir la puerta. O los que no usan agenda telefónica para guardar los números de sus contactos y los solicitan reiteradamente a otros con lo que genera una constante molestia en todo su entorno: "Me das el teléfono de...". En esta situación, es posible negarse a satisfacer algún pedido siempre que se haga de manera cordial y ofreciendo una sonrisa al final de la negativa. Por ejemplo, ante el pedido de algo que el manipulador puede hacer por sí mismo, se puede contestar: "Ahora no puedo, si esperás un rato veo si puedo cumplir con lo que me pedís". O usar el **"sabotaje benévolo"** dejando que quede afuera tocando el timbre para después de unos minutos abrir la puerta con cara de sorpresa diciendo: "¿Hace mucho que estás esperando? No escuché, estaba en la ducha".

9. Ponga punto final

También puede **dar por terminada una conversación** que no conduce a ningún acuerdo, o que lo violenta y que podría derivar en una discusión. Esto requiere mucho autocontrol y tener siempre preparada una salida. Es posible entrenarse con frases como: "Basta, no quiero seguir hablando de esto ahora". "Disculpame, pero tengo cosas urgentes que hacer". "Después lo vemos". "Hablemos cuando estemos más tranquilos".

10. Trate de evitar las discusiones

Las discusiones son trampas en las que se puede caer fácilmente como resultado de las provocaciones del manipulador. Deben tratar de evitarse, sobre todo si puede quedar expuesto a una nueva desvalorización o si el riesgo es muy alto. Un manipulador experto puede lograr incluso que se lo agreda para luego poder victimizarse y usar esa agresión como excusa para conseguir lo que desea. Recuerde que para tener una discusión siempre hacen falta por lo menos dos personas ("si uno no quiere, dos no pueden"). Como táctica: no hay que intentar "hacerle entender", es preferible el silencio y, si es factible, el abandono del "campo de juego".

Tal vez después de leer este libro usted se sienta con mayores recursos para identificar a un manipulador. Si así fuera, cumplimos con el objetivo que nos habíamos propuesto, pero no permita que esto lo incentive a enfrentarlo abiertamente diciéndole que es un manipulador. En primer lugar, usted no puede y no debe darle un diagnóstico y, en segundo lugar, esto será interpretado como una agresión y él habrá logrado la oportunidad para responder con una embestida mayor.

11. Evite responder a una agresión con otra

Tenga en cuenta que ante una provocación, su mayor triunfo es no dejarse llevar al terreno de la violencia. Hay que recordar que el manipulador es un experto en ese ámbito y que la víctima está en inferioridad de condiciones. En esta situación, el manipulador sacará mucha ventaja y, además, logrará que su víctima tenga reacciones inadecuadas frente a las provocaciones recibidas. Estas conductas serán señaladas o puestas en evidencia por el manipulador, logrando que su víctima se sienta mal por haber actuado de un modo que no está acorde con su naturaleza. Un buen ejemplo es el caso de un matrimonio con niños pequeños que estaban en un proceso de separación (incluso teniendo encuentros terapéuticos con el fin de separarse sin perjudicar a los chicos). Una mañana, mientras ella preparaba el desayuno, él la provocó insistentemente hasta que ella respondió arrojándole el contenido de un vaso con yogur. Esto sucedió delante de los niños que, por su corta edad, sacaron la siguiente conclusión: "Papá se fue de casa porque mamá le ensució la ropa con yogur". En este caso, la víctima se sintió doblemente mortificada: por haber tenido una conducta inédita en ella y por el mal ejemplo que dio a sus hijos que presenciaron la escena.

12. No pierda la cordura ni la educación

Si la cordura y la educación son hábitos internalizados por la víctima, ésta deberá hacerse fuerte en ellos diferenciándose del manipulador. De esta forma, la víctima puede evitar ser corrida de su propio eje, manteniendo así el dominio sobre sí misma. Esto no es tarea fácil porque el manipulador tratará con sus constantes provocaciones de hacerla reaccionar para luego recalcarle su falta. Al igual que en el punto anterior, el manipulador intenta lograr que la víctima se comporte de forma no habitual para luego convertirla en el blanco de sus críticas y acusaciones. Ante una reiterada chicana del manipulador, un ejercicio efectivo es concentrarse pensando, por ejemplo, en una poesía, las tablas de multiplicar, la letra de una canción, etc. La idea es estar presente físicamente, pero poniendo el pensamiento en otra cosa. Esto impide ser arrastrado al campo de juego del manipulador.

13. Pida claridad en las preguntas

La víctima no debe responder a las preguntas o solicitudes que no estén expresadas con claridad o que den lugar a diferentes interpretaciones. El silencio en este caso es el mejor aliado. El apresurarse a contestar deja a la víctima expuesta a una recriminación por parte del manipulador del tipo: "No es eso lo que te dije, a ver si me prestás más atención" o si el manipulador no fuera tan abiertamente hostil podría decir: "No sé qué te pasa hoy, ¿estás distraída?" El mirarlo atentamente, pero sin responder le dará la idea de que debe seguir completando lo que dijo.

Si se guarda silencio y el manipulador insiste en que se le responda sin dar más información, queda el recurso de decir: "No se entiende muy bien lo que dijiste, me quedé esperando que continuaras con la idea". Otra posibilidad sería decirle que no se lo ha escuchado bien, siempre con una sonrisa y pidiendo que reitere lo que dijo. Otra posibilidad: "A ver si te entendí bien, lo que vos me decís es que... ¿no?" De esta forma se logrará que especifique mejor lo que le estaba pidiendo o preguntando.

14. Utilice la ironía

A veces es posible emplear la ironía, pero esto requerirá un gran esfuerzo y en lo posible sentirse muy seguro de uno mismo o de lo que se dice. Debe ser una ironía sutil y que resulte hasta simpática. Recuerde que siempre es mejor no provocarlo. Por ejemplo, si es acusado de magnificar las cosas, podría contar un problema o inconveniente exagerando los aspectos positivos. Veámoslo con el siguiente ejemplo:

INTERLOCUTOR: ¿Viste que la tormenta hizo que volara el techo del dormitorio de la casa de Pedro?

MANIPULADOR: Te pido por favor que no lo digas de manera melodramática *(aun cuando su interlocutor sólo estaba informando)*.

INTERLOCUTOR *(con tono irónico)*: Bueno... digamos que se cumplió el sueño de Pedro, ahora podrá acostarse y mirar las estrellas antes de dormir porque su dormitorio está sin techo *(con un tono de voz entre simpático e irónico)*.

Este caso es real, ocurrió en el contexto de una reunión entre amigos (sin la presencia de Pedro).

15. Sea repetitivo

En algunos casos particulares, cuando el manipulador parece NO registrar su respuesta (generalmente negativa a sus deseos), hay que ser repetitivo hasta el hartazgo. Dar siempre la misma información y de la misma forma, es decir manteniendo el mismo tono de voz y, sobre todo, sin perder la calma.

MANIPULADOR: El sábado iremos juntos al cine.

INTERLOCUTOR: Lo lamento, pero no puedo.

MANIPULADOR: Mañana sacaré las entradas para que el sábado vayamos al cine.

INTERLOCUTOR: Hace un rato te dije que no podía ir al cine este sábado.

MANIPULADOR: Invité a María y Juan para que vengan al cine con nosotros el sábado.

INTERLOCUTOR: Al igual que ayer, te repito que no puedo...

16. Aprenda a decir NO

Recuerde que no hay ninguna obligación de satisfacer los deseos del manipulador si no se desea hacerlo. Toda persona tiene derecho a negarse. Es importante ser firme en la negativa a una solicitud que no se puede o no se quiere cumplir. Generalmente, las víctimas de los manipuladores dicen SÍ cuando en realidad quieren decir NO. La condescendencia de la víctima refuerza la idea de poder sobre el otro que tiene el manipulador. Por otra parte, es posible decir no, tanto de manera directa como indirecta. Es posible verlo en el siguiente ejemplo:

MANIPULADOR: ¿Mamá, me prestás el auto el sábado?

LA MADRE: No, el sábado lo necesito.

Más tarde...

MANIPULADOR: El sábado me llevo el auto para ir a bailar, porque si no después a la vuelta estoy cansado y no tengo ganas de volver viajando.

LA MADRE: Ya te dije que el sábado no puedo prestártelo porque lo uso yo.

MANIPULADOR: Pero me comprometí con mis amigos en pasarlos a buscar.

LA MADRE: Ése es un problema tuyo, debiste habérmelo consultado antes.

MANIPULADOR: Pero si nunca usás el auto los sábados... ¿Para qué lo vas a usar?

LA MADRE: No tengo que darte explicaciones, lo necesito y punto.

MANIPULADOR: Sos muy egoísta.

LA MADRE: Es posible.

De manera indirecta sería anticiparse a la manipulación recurrente del hijo sosteniendo delante de él una conversación telefónica donde se ponga de manifiesto la necesidad de la madre de usar el auto ese día.

17. No se deje extorsionar

Con relación al punto anterior y suponiendo que el manipulador persistiera en su intento, es muy importante no dejarse extorsionar. Es posible que ante una sólida negativa de su parte, el manipulador intente por este medio lograr lo que quiere.

MANIPULADOR: Bueno, el sábado volveré viajando, me expondré a muchos peligros....

LA MADRE: Lamento no poder ayudarte.

MANIPULADOR: Entonces no me quedará más alternativa que llegar muy tarde y no sé si al día siguiente podré ponerme a estudiar.

LA MADRE: Ésa es tu responsabilidad.

18. No se preste a la intermediación entre el manipulador y otra persona

No permita ser usado por el manipulador para decir o hacer cosas por él. Supongamos el caso de una pareja que acaba de separarse y el ex esposo trata insistentemente de enviarle mensajes a su ex esposa por medio de una amiga de ambos.

MANIPULADOR: Decile a tu amiga que se busque un laburo[23], porque yo no le voy a pasar más guita[24].

---

23 La palabra "laburo" pertenece al lunfardo argentino y significa "trabajo".
24 La palabra "guita" pertenece al lunfardo argentino y significa "dinero".

INTERLOCUTORA: Bueno, si la veo le digo que vos querés hablar con ella.

Es importante, como en todos los casos, usar un tono cordial para evitar que el manipulador se ponga agresivo. Además, hay que estar atento para no ser usado de mensajero de manera solapada. A veces, el manipulador hace un comentario en general con la intención de que éste llegue a oídos de su víctima:

MANIPULADOR: Ni se imagina la que le espera... ya conseguí que dos amigos me salgan de testigos para el juicio de divorcio... va a tener que ir a laburar... la voy a dejar en la calle.

Hay que tener presente que aun con la intención de ayudar, es posible caer en el juego del manipulador y convertirse en el mensajero que él está buscando. La táctica en este caso consiste en no contar nada de lo escuchado.

Otra artimaña usual en estos individuos es utilizar el misterio y la adulación para contar algo como un secreto, siempre con la misma intención, que su víctima se entere de algo.

MANIPULADOR: Te lo cuento a vos porque sé que sos una persona sensata, pero te pido reserva... Tengo todo arreglado para ganar el juicio de divorcio... Se va a arrepentir de haberme dejado. Pero por favor que esto no salga de acá.

En este caso la solicitud de reserva es una manipulación con el objetivo de lograr lo contrario. Es fundamental no caer en esa trampa. Si le piden reserva, manténgala.

19. Mantenga la calma ante un ataque

Un manipulador cree que su víctima debe saber y predecir todo. Hace cargo a los otros de situaciones accidentales o que están fuera de sus posibilidades de control. Si alguien llega tarde a una reunión porque un sorpresivo corte de ruta provocado por piqueteros[25] le bloqueó el acceso, un manipulador podrá mostrar su malestar por la espera diciendo:

MANIPULADOR: Hace cuarenta minutos que te estoy esperando, ¿pensás que no tengo nada que hacer?

VÍCTIMA: Salí de casa con tiempo de sobra para llegar, pero estaba todo cortado por los piqueteros, traté de avisarte pero tu celular estaba apagado.

MANIPULADOR: Deberías haberlo previsto.

VÍCTIMA: Tenés razón, deberé buscar el "cronograma de cortes sorpresivos" para la próxima vez.

Lo más importante es poder sentirse interiormente seguro (con respecto a que el retraso no fue su responsabilidad) y mantener la calma ante el ataque.

20. Confíe en las propias decisiones

Un manipulador tiende siempre a criticar todo y a todos. Muchas veces la víctima siente que, haga lo que haga, siempre será censurada por el manipulador. Por supuesto, uno tiene, como todas las personas, derecho a equivocarse, sin embargo esto de ninguna manera significa que constantemente sus decisiones sean equivocadas.

En este caso, es importante que luego de reflexionar, se puedan tomar decisiones propias y confiar en ellas. Si una persona está lejos de su casa donde la esperan para cenar y ante una llu-

25 Un piquetero es un actor social en la Argentina actual que se caracteriza por hacer reclamos asistenciales/sociales cortando imprevistamente la circulación de los vehículos en calles y rutas.

via torrencial decide resguardarse y esperar a que la tormenta pase, será cuestionada por falta de previsión, por no haber llevado paraguas o por no haber tomado un taxi, etc. Por el contrario si decide tomar un taxi, es probable que sea cuestionada por gastar dinero. Recuerde que el manipulador es de "crítica fácil".

Su decisión, cualquiera haya sido y si no perjudica a otras personas, es la DECISIÓN CORRECTA. Hay que defenderla interiormente ante los embates críticos del manipulador y aprender a discriminar entre la postura del manipulador y la propia. Es posible tener previstas respuestas que reafirmen la decisión tomada: "Ésa es tu opinión". "Yo no pienso como vos". "Yo lo veo de otra manera", etc.

21. Sea escéptico ante los halagos y la seducción

Recuerde que la seducción es una maniobra para que la víctima no se aleje de su área de dominio.

Probablemente, si el manipulador observa un cambio de actitud general en su víctima, la utilización de determinadas tácticas de protección o ante la sospecha de que ha tomado la decisión de apartarse de él, vuelva a utilizar instrumentos de conquista y captación. Tal vez emplee los mismos que fueron eficaces en el comienzo de la relación. Si el argumento de seducción pasó por ofrecer una imagen de seguridad, entonces tratará de mostrase más protector que nunca; si la seducción se basó en la simpatía puede mostrarse fascinante; si la base de su seducción fue la generosidad, puede llegar a colmar a su víctima de regalos. En todo caso, el manipulador sabe de la eficacia de su seducción y puede utilizarla a las mil maravillas. No hay que olvidar que así comenzó todo...

22. Aprenda a contrarrestar las mentiras del manipulador

Para contrarrestar las mentiras del manipulador, es posible utilizar la táctica del contragolpe. Hablamos de las mentiras con las que intenta manipular o responsabilizar de algo a los otros.

Si se descubre que el manipulador está mintiendo, es la oportunidad para contrarrestar sumándose a su mentira, con el objetivo de confundirlo o, en el mejor de los casos, de hacerle saber que fue descubierto.

MANIPULADOR: ¿Tu contestador telefónico funciona bien? Te dejé tantos mensajes y no recibí respuesta tuya...

INTERLOCUTOR: ¿Cuándo?

MANIPULADOR: El sábado.

INTERLOCUTOR: ¡Que raro!, no salí de casa en todo el día y el teléfono no sonó.

MANIPULADOR: Entonces habré estado llamando a un número equivocado.

INTERLOCUTOR: Cuando dejaste los mensajes, ¿la voz del contestador era la mía?

Es posible incluso divertirse con la situación para contrarrestar el estrés que ésta genera. Una respuesta sorpresiva y creativa puede resultar útil para descolocarlo. En la situación anterior, podría haberse generado el siguiente diálogo:

MANIPULADOR: ¿Tu contestador telefónico funciona bien? Te dejé tantos mensajes y no recibí respuesta tuya...

INTERLOCUTOR: ¿Cuándo?

MANIPULADOR: El sábado.

INTERLOCUTOR: Pero si el sábado respondí a todos tus mensajes. ¿Funciona bien tu contestador? ¿O será una epidemia tecnológica?

23. Deje registrados los acuerdos

Como el manipulador suele desdecirse de sus propias expresiones, es conveniente a veces tomar nota (en su presencia) de lo que se dice. Esto es muy importante en el ámbito laboral, en cuestiones relacionadas con acuerdos, negociaciones, reuniones profesionales, etc., pero también puede ser implementado en situaciones domésticas.

Para atenuar el impacto visual del uso de esta táctica, es posible fundamentar esta acción diciendo que es para no olvidarse o para evitar malentendidos. En tal sentido, resultará de utilidad analizar la aplicación de la táctica en la siguiente situación.

En una familia, los padres acuerdan con sus cuatro hijos adolescentes permitirles la incorporación de una mascota con la condición de que ellos se ocupen de su cuidado e higiene, y de la limpieza del sector de la casa que ésta ocupará. Entonces, un hermoso cachorro de perro labrador ingresa en la familia. Al principio, todos querían atenderlo, pero cuando el perro dejó de ser la novedad, comenzaron los problemas.

Juan, el mayor de los hijos, acostumbrado a manipular a sus hermanos, determinaba quiénes y cuándo debían ocuparse de la tarea, por supuesto favoreciéndose a sí mismo. Al poco tiempo, Juan comenzó a desligarse de las tareas asignadas argumentando que los hermanos se confundían con los días (lo cual no era cierto). Juan se las ingeniaba para transferir la responsabilidad a los otros.

JUAN: Hoy le toca a Martín ocuparse del perro.

MARTÍN: Pero si me ocupé ayer, hoy te toca a vos.

JUAN: No, ayer le tocaba a Diego, pero si vos te equivocaste y lo hiciste ayer, lo lamento, igual hoy te toca a vos.

Frente a este diálogo, los tres hermanos acusaron a Juan de cambiar los días de atención al perro según su conveniencia. Entonces, intervino el padre y, argumentando que todos tenían sus obligaciones y era fácil confundirse, les indicó que pusieran por escrito los días que le correspondían a cada uno. El cronograma quedaría bajo la tutela de la madre.

24. Haga un frente común entre las diferentes víctimas

En otros casos es de utilidad hacer un frente común si existen varias personas víctimas del mismo manipulador. Esta táctica debe ser usada no con el objetivo de atacarlo en conjunto, sino de ayudarse entre las víctimas para no caer en sus trampas y provocaciones.

Cuando las diferentes víctimas están en situación de observar el manejo intencional del manipulador con una de ellas, las otras pueden alertar a la víctima elegida en esa oportunidad diciendo frases tales como: "No te enganches…". "Te lo hace a propósito, tené cuidado…". "No te enojes… Está probando tus límites". "Cuidado, fijate bien por qué te lo dijo".

El cuidado mutuo puede dar buenos resultados, especialmente cuando se trata de personas que conviven.

Otra forma de ayuda mutua es sustraer a la víctima del lugar físico donde se encuentra argumentando: "Te llaman por teléfono". "¿Me podrías ayudar con esto?" "Dejaste la leche en el fuego", etc.

25. Transforme lo negativo en positivo

Si bien este aspecto puede formar parte de las conclusiones, nos parece interesante adoptarlo también como táctica que permita "sublimar" la energía negativa que implica estar bajo los efectos de la manipulación y transformarla en algo positivo. Como ocurre con los grupos de recuperación de adicciones o de violencia familiar, etc., las personas recuperadas participan luego desde su experiencia como referentes para ayudar a otras en problemas similares. Una vez que alguien ha aprendido tácticas de defensa, se volverá un verdadero experto y podrá ayudar a otras personas en la misma situación.

CAPÍTULO 7

Algunos ejemplos de la vida real

Estos ejemplos han sido tomados de la vida real. Se han modificado nombres, edades y lugares para preservar la identidad de las personas involucradas. Si alguien se sintiera aludido, sólo se debe a que estas situaciones se presentan frecuentemente en nuestra sociedad.

ÓRDENES DESDE EL SILLÓN

Una pareja y su hija se encuentran en la casa donde viven. El marido (manipulador) mira televisión recostado en un sillón; la hija de 18 años duerme en su cuarto y la esposa, que ha sido operada el día anterior, se halla en el piso superior de la casa guardando reposo.

Suena el teléfono celular del marido (es uno de sus clientes, con quien debe encontrarse al día siguiente). Al terminar la llamada le pide a la esposa que anote una dirección. Ella le responde que se acerque porque no lo escucha (está en el piso superior de la casa). Él no duda entonces en despertar a su hija para que haga lo que él quiere. A esta altura es apropiado aclarar que él no era analfabeto.

Es lógico pensar que lo más sencillo hubiese sido que se levantara del sillón y que realizara por sus propios medios la anotación, ya que a pocos pasos de él había papel y lápiz para ello. Sin embargo, veamos el diálogo que tiene lugar:

PADRE *(a los gritos)*: Ana, anotá esta dirección.

HIJA: No, estoy durmiendo papá… anotala vos.

En ese momento el padre se enoja con ella y le recrimina su "falta de solidaridad" para con él, que es el **proveedor** de la casa.

PADRE *(gritando cada vez más fuerte)*: ¡Que falta de solidaridad, yo me mato trabajando todo el día… yo aporto todo el confort que ustedes disfrutan y ni siquiera les puedo pedir un favor!

HIJA *(no se levanta y continúa durmiendo)*: Siempre echando en cara lo mismo…

El padre va luego muy enojado a contarle a su esposa lo ocurrido. Ésta ha escuchado todo, dado el volumen de la discusión, entre padre e hija y le dice:

ESPOSA *(sintiéndose eximida de los reclamos por su condición de recién operada)*: No me cuentes nada, ya escuché todo. Yo me pregunto, ¿por qué no lo anotaste vos?, si tenías todo a mano. ¿Hacía falta hacer este escándalo?"

Ante la respuesta de su esposa él se enoja aún más y dice:

PADRE: Nadie me ayuda, yo soy el boludo que siempre piensa en el bienestar de todos y no puedo siquiera pedir un favor.

ESPOSA: ¿Pedir UN favor?… Pero si te la pasás todo el día pidiéndoles cosas a los demás, parece que necesitaras un asistente permanente.

A partir de ese momento, él arma un gran escándalo, cae en una catarata verbal dando un discurso en el que no admite ninguna acotación ni interrupción. En el contenido de lo que dice, expresa reiteradamente la idea de "ser usado", que sólo lo consideran "para que pague" y que "ya se va a terminar el abuso".

Cuando la esposa, que ha esperado pacientemente a que él termine su discurso, intenta responder a sus acusaciones y amenazas, él se retira de la escena dando por finalizado "el diálogo" entre ambos.

Esta situación sacada de contexto podría parecer una cuestión de falta de solidaridad por no haber asistido a esta persona en un pequeño pedido. Pero cambia si se referencia que el personaje central vive constantemente pidiendo asistencia a todos los miembros de su familia por cosas similares, de lo cual se deduce que, en algún momento, los demás se cansan de este tipo de pedidos y en alguna oportunidad se niegan a asistirlo.

Es evidente que este "personaje" muestra sus características egocéntricas, necesita ser el centro de atenciones y se considera con el derecho de exigir. Por otra parte, queda en claro que recurre al uso del poder sobre el otro, ya que en ningún momento pudo tener en cuenta las necesidades o deseos de sus interlocutores.

Probablemente este manipulador dominador/despótico (ya podemos identificarlo como tal) reclame obediencia en un pacto concertado sólo por él: "Si yo pago, tengo que recibir".

Por eso su reclamo ante la supuesta falta de cumplimento de la otra parte (que hasta el momento ignora el pacto). Por eso hace mención reiterada a su rol de proveedor. No olvidemos que el dinero es una de las fuentes más importantes de poder.

Por otra parte, este lugar de poder, SER EL PROVEEDOR, le permite hacer uso de otra de sus herramientas privilegiadas, la amenaza implícita o explicita: "Yo puedo cortar el suministro".

También es relevante el uso que el manipulador hace de la comunicación (en este caso de la NO comunicación) dejando a su esposa sin posibilidad de respuesta. Esta persona es proclive a evitar el diálogo con los demás cuando éstos tienen opiniones diferentes de las de él.

Es importante resaltar la confusión que el manipulador tiene respecto de ORDEN Y PEDIDO (al que su interlocutor puede negarse).

En cuanto a la forma de preservarse, es evidente que la utilizada por la hija, decir NO, resultó más eficaz. La sorpresa provocada en el manipulador, que no pudo absorber el impacto de la negativa, fue tal que necesitó hacer su descarga. Su esposa cayó en la trampa de la JUSTIFICACIÓN y la EXPLICACIÓN, con lo que le dio al manipulador la oportunidad de volver a sentirse poderoso y dueño del NO al dejarla con la palabra en la boca.

Es evidente que ella debería haber dado por finalizado el diálogo con él, cuando dijo: "No me cuentes nada, ya escuché todo".

EL *POOL* DEL COLEGIO

Vamos a describir el caso de dos amigas, con algunas diferencias y similitudes en sus perfiles. Ambas tenían la misma edad, eran vecinas de un barrio residencial de la provincia de Buenos Aires, con maridos profesionales y gozaban de un nivel económico relativamente bueno. Las dos parejas compartían salidas y se reunían frecuentemente, ya que la amistad parecía consolidarse con el tiempo. Ambas tenían hijos que concurrían al mismo colegio situado a unas 30 cuadras de donde vivían. Las dos trabajaban, aunque en actividades diferentes; Patricia estaba dedicada a la docencia y Teresa, a la empresa de su familia.

Patricia era profesora de Historia y, habiéndose casado muy joven, tenía hijos más grandes que Teresa, lo cual le permitía disponer de mayor libertad para manejarse.

Teresa era más inexperta y sumisa, proveniente de una familia que no le había permitido seguir una carrera profesional.

Llevar a los hijos (de ambas parejas) al colegio implicaba un pequeño trastorno diario, porque requería una rutina que a veces se complicaba con el trabajo. Dado que ambas amigas tenían auto, Teresa le propuso a Patricia hacer un *pool* para alternarse en la tarea y ahorrar tiempo y dinero. Patricia no aceptó el trato, alegando que ella no lo necesitaba, dado que sus hijos, por ser más grandes, podían ir al colegio utilizando el transporte público.

A pesar de ello, Teresa llevaba y traía a los hijos de sus amigos además de los suyos, siempre que los horarios de entrada y salida coincidían: "Porque me da no sé qué, si yo voy para el mismo lado". Esta situación se prolongó durante varios años.

En una oportunidad y con motivo de un acto escolar, Teresa se quedó hasta que dos de sus hijos actuaran y se retiró antes de que terminara el evento, porque el menor de sus hijos (que estaba aún en el Jardín de Infantes) también representaba en su escuela (otra) y ella deseaba verlo. No pensó en ese momento que su amiga, confiada en que ella traería a sus hijos de vuelta a casa (como lo hacía siempre), no les había dado dinero para el pasaje de colectivo.

Al terminar el acto, los hijos de Patricia se vieron en la necesidad de caminar hasta su casa.

Después del trabajo, Patricia que no había asistido al acto del colegio de sus hijos porque debía estar en el del colegio donde trabajaba, se preocupó por la tardanza de los chicos. Cuando éstos llegaron a su casa y se enteró del motivo de la demora, Patricia irrumpió furiosa en la casa de Teresa y le recriminó por no haberse hecho cargo de la vuelta a casa de sus hijos, dado que ella contaba con eso:

PATRICIA: No sé cómo pudiste haberte olvidado de avisarme que te irías antes del acto.

TERESA: La verdad es que no me di cuenta, te pido disculpas... Pablito me estaba esperando.

PATRICIA: Las disculpas no sirven, no le evitan a mis hijos la angustia que pasaron.

TERESA: Lo lamento... yo estaba apurada porque me perdía la actuación de Pablito... Por otra parte... vos deberías darles siempre dinero a tus hijos, por las dudas de que yo no pueda ir a buscarlos.

PATRICIA: Lo único que faltaba, resulta que ahora la culpa de que mis hijos tuvieran que volver caminando la tengo yo...

TERESA: Bueno, disculpá, lo siento...

Podemos inferir que Teresa se sentía siempre en inferioridad de condiciones frente a su marido y a sus amigos profesionales. No debemos olvidar que su familia, que valoraba sólo el trabajo físico y/o manual, no le permitió que concretara una de sus grandes aspiraciones, cursar una carrera universitaria. Mujer muy inteligente, con una enorme capacidad de esfuerzo, suplía con frecuencia las obligaciones y los roles que otras personas dejaban disponibles. Se encargaba no sólo del trabajo en la empresa familiar, de la crianza de los hijos, sino también del estímulo y motivación para el crecimiento profesional de su esposo.

La frustración que sentía Teresa con respecto al estudio, conformaba una conciencia de déficit que hacía que sobrevalorara a las personas que sí lo tenían, atribuyéndoles una supuesta superioridad. Esto hacía que se colocara automáticamente en una situación de sumisión y sometimiento. Se sentía avergonzada cuando debía responder a algún cuestionario sobre su nivel de instrucción.

No llama entonces la atención que, aun ante la negativa de Patricia con respecto a su propuesta de compartir el traslado de los chicos al colegio, sintiera que era su deber hacerlo. Al ser increpada por su amiga, atinó sólo a pedir disculpas.

Patricia, mujer inteligente y conocedora de las características de su amiga, aprovechó la situación. Se sintió incluso con el derecho de hacer un reclamo ante el incumplimiento de un trato que ella misma había rechazado.

Teresa, desde el primer momento, NO debió ocuparse del traslado de los hijos de su amiga. Pero estaba tan acostumbrada a ocuparse de las cosas que otros no querían hacer, que frente a la negativa de Patricia, sólo atinó a hacerse cargo ella. Se estableció entonces una rutina a partir de un compromiso implícito que ella sentía que debía cumplir.

Cuando Teresa intenta que su amiga reflexione sobre la responsabilidad que cada una de ellas tiene en el traslado, Patricia no sólo no acepta responsabilidad alguna, sino que con una actitud de autoridad "pone la culpa afuera". Después de lo cual, Teresa le pide nuevamente disculpas.

La vulnerabilidad siempre facilita el abuso.

NO SOLTAR LA PRESA

Juan Pablo, profesional destacado en su trabajo en un estudio jurídico al que ingresó recién graduado, siempre sobresale por el esfuerzo y la responsabilidad con que asume su rol. Él admira y respeta profesionalmente a una de las abogadas más antiguas del estudio, dos años mayor que él. Andrea es francamente brillante, muy atractiva y con pareja estable.

A los pocos meses de trabajar en el mismo estudio, comienzan a ocuparse de casos en común y a compartir almuerzos. Andrea, profesora en la facultad, lo invita a Juan Pablo a formar parte de la cátedra de la cual ella es titular. Juan Pablo inicia una relación con una ayudante de cátedra y comienza a pensar en "sentar cabeza". En ese momento Andrea le manifiesta un sentimiento de confusión diciéndole: "Creía que entre nosotros había mucha onda, pero me estoy dando cuenta de que me pasa algo más con vos".

Lo que sigue son dos años de idas y vueltas sentimentales entre Andrea y Juan Pablo, con períodos de intensa pasión y de alejamiento, que derivan en la ruptura del vínculo que Juan Pablo mantenía con la ayudante de cátedra. Andrea dice estar enamorada de él, pero continúa con su relación anterior. Este hecho sumerge a Juan Pablo en una depresión.

Poco después, éste comienza un tratamiento mixto (psiquiátrico-psicológico) y una vez que supera su estado toma la resolución de cambiar de trabajo con la intención de alejarse de Andrea.

En los dos años siguientes, Andrea utiliza todos los recursos posibles para hacer que Juan Pablo se sienta responsable de sus graves problemas de salud (absolutamente fingidos) a los que presenta como una consecuencia de su alejamiento.

Juan Pablo ha conseguido un puesto importante en una compañía multinacional como abogado en un área legal y, cansado del acoso de Andrea, cambia su número telefónico y toma la firme resolución de iniciar una "vida nueva".

A los ocho meses de estar trabajando allí, se entera por uno de sus superiores que Andrea se ha postulado para un puesto jerárquicamente superior al suyo mencionándolo a él como referente.

Aquí otra característica del manipulador. Como considera que "el otro" le pertenece, no permitirá fácilmente que se aleje de él por voluntad propia. Andrea habiendo usado varias artimañas de las que usualmente le resultaban exitosas y no habiendo podido obtener el resultado esperado, intenta acorralarlo en su nuevo trabajo. Los manipuladores sueltan la presa sólo cuando ésta deja de interesarles. Nunca admiten que sea su víctima quien tome la decisión de apartarse, pues en ese momento vuelve a resultarle "interesante".

En este caso en particular, Juan Pablo, al haber fortalecido su autoestima, puede ver con claridad los manejos manipuladores de Andrea. Además ésta, confiada en su poder de seducción y no aceptando la evolución de su víctima, ha cometido un desliz: **mencionar a Juan Pablo como referente**. Esto le permitirá a él, al ser consultado por la empresa, desconocer la recomendación y manifestar claramente su oposición al ingreso de Andrea.

UNA DE SUEGRA Y NUERA

Alberto es ingeniero agrónomo, tiene una única hermana, casada con un antiguo compañero de estudios, devenido en su mejor amigo. Su familia es de clase alta con un gran poder económico afianzado, entre otras cosas, por la propiedad y explotación de campos en la provincia de Buenos Aires. Quería estudiar arquitectura, pero sus padres influyeron en la elección de una carrera que resultara más afín a las actividades del campo. Muchacho dócil hasta la irrupción en su vida de quien sería su esposa, Georgina. Según su madre: "Siempre fue muy dócil hasta que ella lo engatusó".

Después del casamiento comienza entre Georgina y Estela, la suegra, una gran competencia sobre los derechos que cada una se arrogaba sobre... Alberto.

Cada vez que la pareja programa un viaje, la mamá de Alberto se enferma y requiere la presencia del hijo para las consultas a los distintos médicos y para que comparta su convalecencia en el campo: "Así de paso vos trabajás y yo no molesto a nadie más".

Esto se prolonga durante dos años, con los consiguientes problemas que esta circunstancia le provocan a Alberto con relación a su pareja.

Todo empeora cuando Georgina queda embarazada.

El clímax de esta situación se produce en el momento del nacimiento.

Por un problema congénito de Georgina, desde el primer momento se supo que el nacimiento se produciría por medio de una operación cesárea. Teniendo la fecha de la intervención, Georgina y Alberto se enteran de que para el mismo día Estela ha decidido realizarse una intervención quirúrgica que durante muchos años ha postergado (una colecistectomía)[26].

Esta situación real parece "pintada" por lo obvia. En este caso, se trata de una persona que utiliza el disfraz que describimos en el capítulo 2 como "manipulador enfermo". Recordando las características de este tipo de manipulación, observamos que utiliza los beneficios secundarios de la enfermedad (real o fantaseada) para mantener el control sobre acciones y decisiones de su hijo. Éste queda entrampado en la culpabilización al no poder responder simultáneamente a los reclamos o requerimientos de dos afectos que compiten entre sí.

El tironeo que sufrió Alberto en la situación del nacimiento de su hijo, le permitió transitar dolorosamente un nuevo parto: el darse cuenta.

Fue tanto el dolor, que tomó conciencia de la necesidad de parirse a sí mismo a una nueva vida. Para poder hacerlo, contó con el apoyo de su mujer, de su terapeuta y logró poner distancia.

En la actualidad, habiendo renunciado a algunas ventajas económicas, administra un campo en la provincia de La Pampa, sigue felizmente casado con Georgina, tienen tres hijos y juntos viajan de vez en cuando a ver a sus familiares.

Mientras tanto, sigue esperando que algún día su madre lo vaya a visitar.

---

26 Extirpación de la vesícula con cálculos.

COLEGAS Y AMIGAS

Marcela y Roxana son dos mujeres tenaces que, coincidentemente, deciden hacer una carrera universitaria siendo ya grandes. Ambas están casadas y tienen hijos. Se conocen en la universidad el primer día de clases e inmediatamente se hacen amigas. Transitan juntas la experiencia de estudio compartiendo largas horas en casa de una u otra.

Ambas logran el objetivo de recibirse, tras lo cual comienzan a ejercer la profesión. Si bien continúan siendo amigas, la carrera de cada una toma diferente rumbo. La de Roxana, con una orientación más académica y la de Marcela, en el ámbito empresarial.

Un día deciden que tienen cosas para decir y se embarcan en la tarea de escribir un libro juntas. Han acordado que Marcela comenzará contando algunas de sus experiencias de trabajo como consultora y luego Roxana le dará forma al material y le agregará aspectos teóricos. La tenacidad de ambas las lleva a concluir exitosamente la tarea, tras lo cual el libro es publicado.

Tiempo después, Marcela escribe otro libro con otra colega y en el momento en que tienen que registrarlo como propiedad intelectual, se da cuenta de que su primer libro ha sido registrado por Roxana sólo a su nombre.

Es tal el estado de perplejidad en el que queda, que no se atreve a preguntarle a su ex amiga por qué lo hizo. Prefiere poner distancia entre ambas y no enfrentarla como sería de suponer que lo hiciera. No logra entender por qué la ha estafado de esa forma. Sabe que no fue por dinero, porque ningún escritor de ese tipo de libros se hace rico escribiendo.

Vuelve aquí a ponerse en evidencia el trabajo de apoderamiento del manipulador y la vulnerabilidad de la víctima. Marcela, hija de una madre narcisista y de un padre que valorizaba el éxito económico en detrimento del conocimiento intelectual, había sido seducida por las condiciones intelectuales de Roxana. No está de más agregar que dichas condiciones eran exaltadas por la misma Roxana que manifestaba todo el tiempo su superioridad intelectual, lo que le permitía "sugerir" que sus aportes eran siempre los más valederos. Satisfecha por haber sido aceptada como compañera de un proyecto tan ambicioso como el de escribir un libro, Marcela aprobó cada sugerencia y cada propuesta que su amiga hacía. Llegó incluso a olvidar que fue ella misma la que aportó la idea de escribirlo.

El punto de enganche manipulado/manipulador se vio facilitado por la baja autoestima de Marcela y por su distorsionada apreciación de los afectos. Criada por una madre narcisista confundía afecto con acatamiento. Ni siquiera cuando se enteró de la traición de quien consideraba su amiga, se atrevió a enfrentarla.

Fue muy fácil para Roxana apoderarse de la voluntad de Marcela y, aprovechando su admiración por lo intelectual, hacer de ella su asistente. Una de las características de las personas manipuladoras, quizás la más importante, es que no desean compartir con el otro, sino apoderarse de él. En este caso, Roxana se apoderó de la voluntad de Marcela y también de su producción intelectual.

EL CASO MARÍA

Había una vez… No, no queremos contar un cuento. Éste, como todos los ejemplos que utilizamos, está basado en hechos reales.

María era una mujer que siendo joven se casó con un profesional que comenzaba lo que sería una brillante carrera. Ella, una mujer con inclinaciones artísticas, muy creativa; además de ser profesora de danzas, pintaba muy bien. Pero su gran vocación, el proyecto de su vida, era consolidar su hogar y apuntalar a su marido en la profesión. Trabajó como secretaria ad honórem de su esposo durante largos años, pero no sólo ésa era su tarea, ya que crió a dos hijas y se esforzó por mantener confortable la casa (propiedad de la familia de su marido), ocupándose con su buen gusto de reformarla y embellecerla.

Vivía con su suegra, y la asistía, cuando ésta lo necesitaba, de una manera amable y considerada.

Su familia, padres y hermanas, la respetaban, pero no entendían muchas veces por qué no podían compartir reuniones familiares o, en el caso de hacerlo, tenían que retirarse apenas terminada la comida, ya que su esposo siempre aducía cansancio u obligaciones.

El padre de María enfermó y quedó postrado durante años, por lo que ella se desdobló entonces para compartir con sus hermanos su atención y continuar con el cuidado de su hogar y las exigencias de su marido.

Decimos ya exigencias porque con el paso del tiempo pasó a no disponer de espacios propios y se convirtió en una sombra ejecutora de los deseos y decisiones de él.

Mientras tanto, su marido progresó significativamente en su carrera y se transformó en un exitoso empresario. Esta situación incorporó una nueva exigencia para María: la de viajar y recibir a las relaciones internacionales de su marido.

Aprovechando su especial temperamento y sus cualidades para relacionarse, se convirtió en la "relacionista pública" que él necesitaba para su manejo político.

María no recibía reconocimiento alguno por tanta entrega, pero ella creía en la familia, en su marido y en el proyecto.

Poco a poco, cuando ya sus hijas se habían casado, María creyó que había llegado el momento de disfrutar de una nueva etapa de la pareja, en la que compartir nietos y tiempo. Lentamente, de manera insidiosa, un cambio se estaba produciendo, pero no el esperado por ella. Su marido, hombre de pocas palabras, pareció haber perdido las pocas que tenía y se fue recluyendo en un silencio cada vez más hosco, cada vez más agresivo y doloroso. Ése fue el principio de un alejamiento que implicó también el físico.

La confirmación de la existencia de otra mujer con la que sostenía una relación desde hacía tiempo, corrió el velo con el que María había tapado tantas conductas agresivas. Si bien nunca le había pegado, sentía el alma llena de marcas dejadas por cada una de las críticas, de las subestimaciones, de las culpas atribuidas, de las descalificaciones.

María dijo BASTA, dejó la casa y comenzó los trámites de separación.

Pero entonces realmente conoció a la persona con quien había estado casada durante tantos años. Las relaciones de él le permitieron el acceso a los mejores recursos para dejarla... sin recursos.

Hasta aquí, desgraciadamente, una historia más entre tantas iguales y repetidas. Pero María superó muchas cosas, entre tantas, una depresión y la incomprensión de quienes, queriéndola, no entendían cómo había soportado tanto. Un caso más de culpabilización de la víctima.

Perdió muchísimo económicamente, pues es fácil suponer que un manipulador pueda expulsar a la víctima, pero no permitir que ella se separe. El "castigo" fue económico.

El dinero sigue siendo uno de los pilares con que se sostiene el dominio y el poder.

Elegimos este caso por lo frecuente. Todos los lectores deben conocer alguna historia similar, y es esto lo que lo hace interesante y nos llena de preguntas.

¿Por qué María soportó durante tantos años la descalificación y la falta de reconocimiento?

¿Influyeron la época y el contexto social para tomar como normal, habitual, ese tipo de entrega con respecto al rol que debía desempeñar?

¿Era masoquista, algo de lo que muchos la acusaban?

¿Fue el amor propio lo que la impulsó a romper la pareja al enterarse de la existencia de otra mujer?

¿Cómo soportó la lucha de tres años tratando de obtener algún dinero, producto de lo que había trabajado sin recibo de sueldo, que le permitiera subsistir en el futuro?

¿Pudo María traducir la experiencia sufrida en algo positivo?

Por supuesto que en la época en que María se casó era mucho más habitual que en la actualidad que una mujer se dedicara sólo al hogar. María hubiera podido seguir dando clases de danzas, algo que la apasionaba y que no interfería con su dedicación a la familia. Pero ella amaba y ADMIRABA mucho; miraba desde abajo. En ciertos ámbitos, la posesión de un título universitario era vivida casi como un título nobiliario, y María, probablemente con una autoestima debilitada, sintió que debía ser perfecta para poder estar a la "altura" del hombre elegido. Éste fue, quizás, el atractivo mayor que el marido (consciente o inconscientemente) había visto en ella. El punto de "enganche" ya estaba facilitado.

Cada descalificación, crítica o acusación era vivida por ella como una falta que debía reparar. Se esforzó por ser mejor cada día y obtener la aprobación que nunca llegaría. Excusaba una y otra vez las conductas y omisiones de su marido atribuyéndolas a la importancia de su profesión. Trató de mediar muchas veces entre él y sus hijas, siempre justificándolo.

Cuando se enteró de la situación amorosa por la que transitaba su marido, sintió que todo su esfuerzo había sido inútil. Que el proyecto de pareja y familia sólo había sido suyo. Se sintió usada y descartada de la peor manera: sin palabras ni explicaciones.

Si bien pasó por los padecimientos de una fuerte depresión, la contención de su grupo familiar extenso, de sus hijas, sus yernos y el afecto de sus nietos, le permitieron afrontar todas y cada una de las vejaciones que debió sufrir en el proceso de divorcio y de "separación de bienes".

La prueba de que su conducta anterior no era masoquista, fue la sensación de libertad que sintió al romper esa relación, por otro lado patológica.

María aprendió que era una persona que podía y debía pensar por ella y por su dignidad. Comenzó a estudiar una carrera universitaria relacionada con el arte y se recibió. En la actualidad, pinta, expone y vende cuadros. Trata de iluminar con su testimonio el camino de otras mujeres que están transitando el sufrimiento que ella superó, trasmitiendo un concepto: se puede.

Tiene muy buena relación con su familia, disfruta de su rol de madre y de abuela, y goza del afecto de un amplio grupo de amigos.

EL CASO JAVIER

Javier fue siempre un niño dócil. Al decir de sus padres "un chico que nunca dio trabajo". Era el primero de los tres hijos y el único varón. Sobre él estuvieron cifradas las mayores expectativas. Nunca las defraudó.

Pertenecía a una familia de clase media alta, y ambos padres eran profesionales. Esforzados, pero exitosos, tanto económica como socialmente, compartían con sus amigos actividades sociales y deportivas.

Bien parecido, dulce y cariñoso, Javier era popular entre las chicas y también había logrado formar un numeroso grupo de amigos con los que compartía salidas y deportes.

La admiración que sentía hacia sus padres lo impulsó a priorizar muchas veces las opiniones de ellos, que representaban para él "el camino a seguir". Su única gran frustración había sido dejar de lado su vocación de futbolista.

Trabajando mientras estudiaba se recibió de contador público y luego hizo un máster en Administración de Negocios. Poco antes de recibirse comenzó a trabajar en una empresa multinacional, lo que le abrió un panorama laboral francamente alentador.

Mientras hacía un trámite administrativo en la universidad, conoció a Sofía, una joven que no era lo que comúnmente se denomina "una belleza", pero que tenía una fuerte personalidad imposible de pasar por alto.

Estudiante de Economía, capaz y ambiciosa, sentía que debía y podría resarcirse del fuerte revés económico sufrido por su familia al perder la empresa familiar. Mostraba tanta seguridad, poder de decisión y resolución que Javier quedó fascinado. Poco tiempo después se casaron.

Si bien la familia de Javier no estaba de acuerdo con una decisión tan apresurada, no dejaron de apoyar a su hijo y le dieron el dinero para comprar la casa que él deseaba para el comienzo de su nueva vida. Sólo una condición pusieron los padres al entregar el dinero: que la propiedad fuera escriturada como bien propio de Javier. A pesar de la palabra empeñada, la casa se escrituró a nombre de ambos miembros de la pareja.

Los padres prefirieron priorizar la relación y no cuestionaron la decisión. Pero no pasaría mucho tiempo antes que determinados signos comenzaran a preocuparlos.

Javier dejó de frecuentar a sus amigos de la infancia, a los que Sofía trataba despectivamente y acusaba con frecuencia de confabular en su contra.

Al poco tiempo, la familia de Javier comenzó a registrar que Sofía se empeñaba en obstaculizar la relación entre ellos y su hijo. Entonces, comenzaron a surgir malentendidos. Incluso Sofía solía tergiversar sus dichos cuando se los transmitía a Javier. Esto produjo un distanciamiento entre Javier y sus hermanas, a pesar del esfuerzo de los padres por mantener el vínculo familiar.

Sofía llegó a amenazar a sus suegros con la posibilidad de no poder ver a sus nietos el día que los tuvieran. Esto tampoco fue denunciado por ellos ya que tenían la certeza de que Javier nunca les creería. Confiado, "ciego de amor", no veía más que por los ojos de Sofía. Pero lo que parecía inmodificable sufrió, de pronto y por los medios más inesperados, una innovación.

Cuando la crisis económica que sufrió la Argentina en el año 2001 golpeó fuertemente el mercado laboral, la empresa donde trabajaba Javier se vio obligada a despedir a varios de sus empleados. Javier tuvo suerte y fue enviado a trabajar a la filial que la empresa tenía en España.

En ese momento a Sofía le faltaba rendir las dos últimas materias para recibirse. No resultó extraño que decidieran que Javier viajara solo y que ella lo seguiría apenas terminara su carrera. Los padres de Sofía, que alquilaban un pequeño departamento desde que habían perdido su casa al quebrar la empresa familiar, se mudaron con ella.

A los pocos meses, ya recibida, todo hacía suponer que la pareja por fin podría reunirse. Pero en ese momento, Sofía comenzó a dar una seguidilla de excusas para posponer o evitar el viaje.

Al cabo de casi un año, Javier le propuso renunciar a su trabajo y volver a la Argentina para poder estar juntos. Pero Sofía le hizo desistir de su idea aduciendo: "No quiero estar casada con un desocupado, ya una vez pasé por eso cuando mi papá perdió su empresa... no quiero pasar por lo mismo...". Le prometió a Javier que pronto se reuniría con él. Simultáneamente aceptó un puesto de trabajo en una consultora y comenzó a dictar clases en la universidad. Es fácil inferir que en ningún momento pensó en viajar a reunirse con su marido.

¿Y qué pasaba entretanto con Javier?

Solo, adaptándose a costumbres nuevas y extrañando a su

mujer y a todos sus afectos, Javier pasó duros momentos. Pero siempre, en los tiempos de mayor desolación y oscuridad aparece la luz de nuevos afectos, en este caso en la figura de nuevos amigos, algunos de ellos argentinos en su misma condición y otros tantos españoles, que lo rodearon con su afecto y le permitieron reencontrarse con el perdido sentimiento de pertenencia.

La distancia y el observar de qué modo distinto resolvían las dificultades sus amigos, le permitieron aceptar lo que hacía tiempo luchaba por no ver: el abandono.

Llamó a Sofía y le planteó decididamente que no había más postergaciones: o estaban juntos, como alguna vez lo habían soñado, o se separaban definitivamente.

La respuesta es fácil de imaginar: Sofía le pidió un poco más de tiempo. Pero en ese lapso Javier conoció a Marisa. Como no era persona de mentiras ni ocultamientos, llamó a Sofía para informarle de la situación. Hecho que Sofía supo aprovechar para despertar en Javier sentimientos de culpa, permitiéndole "reparar su acción" al cederle los bienes que poseía en la Argentina. Al separarse, Sofía se quedó con la totalidad del valor de la casa y el coche, que, por otro lado, usaba habitualmente.

Javier se quedó con Marisa, con una nueva posibilidad de felicidad y con una frase que refirió a su familia cuando viajaron a visitarlo: "Durante el tiempo que estuve casado con Sofía jamás pude hacer lo que sentía, ella decidía siempre por los dos. ¿Qué les preocupa? ¿La casa? ¿El coche? No importa el dinero, para qué sirve si no puedo comprar mi libertad... siento que pagué un rescate. Creo que es la primera vez en mi vida que no me importa lo que piensen, siento que hago lo que quiero hacer... ¡Y soy feliz!"

Javier, como tantos niños, pudo haber sentido que para ser reconocido y valorado por sus padres no debía defraudarlos. Y aprendió a desoír sus emociones, a no decodificar sus sentimientos, a no sentirse herido aunque lo estuviera. Aprendió a manejarse en una realidad donde "sólo los otros sabían" y le pareció que lo más normal era que le determinaran el camino a seguir. Reprimió entonces no sólo sus sentimientos verdaderos, sino también su sensibilidad, su creatividad y, por sobre todas las cosas, resignó su capacidad para rebelarse. Ya había una vía facilitadora para la sumisión y el sometimiento. Sólo faltaba la presencia de una persona manipuladora para que se produjera el punto de enganche.

Sus padres nunca pensaron en otra cosa que en apuntalar a Javier erróneamente, tomando muchas decisiones por él e induciéndolo a otras tantas. ¿Por qué Javier respondió siempre a sus expectativas? Porque creía que era necesario ser de una manera especial para que lo reconocieran como digno de ser amado.

Su primer acto de "rebeldía" consistió en elegir a una mujer que no pertenecía al círculo aprobado por sus padres. Dejó de prestar atención obediente a las intenciones de ellos para someterse sumisamente a la voluntad de Sofía.

Javier fue siempre una persona vulnerable, que no aprendió a confiar en su propio juicio crítico y entregó, por lo tanto, la evaluación de sus acciones a la mirada u opinión de Sofía.

No sospechaba que su vulnerabilidad lo convertía en presa fácil para una persona manipuladora. Con la ingenuidad propia de este tipo de personalidad, tomó al pie de la letra las palabras, promesas y críticas que ella manifestaba, y también las culpas que le atribuía. Su temor al conflicto, a desagradar o, sobre todo, a dejar de ser querido, no le permitió discernir que estaba siendo alejado de su grupo de pertenencia y de su propia familia a los que llegó a ver como a sus enemigos. Había aprendido a soportar el maltrato psicológico y a sentirse responsable por él.

Sólo la distancia y la relación con otras personas le abrieron los ojos a la situación y aún así se hizo cargo "pagando el rescate".

No olvidemos que los manipuladores cizañeros son especialistas en elucubrar sospechas y no dudan en mentir para alcanzar sus objetivos. Utilizando el precepto de "divide y reinarás", logran sacar beneficio de los enfrentamientos que ellos mismos promueven. Para este tipo de manipuladores, siempre "el fin justifica los medios".

Actualmente, Javier continúa en España, mantiene la relación con Marisa y asiste a una terapia grupal con el objetivo principal de fortalecer su autoestima.

CONCLUSIONES

Hay personas que han tenido la suerte de nacer en un hogar donde el modelo predominante en los vínculos no tenía la característica propia de las relaciones manipuladoras. Esto es muy afortunado, pero, aún así, es muy poco probable que a lo largo de sus vidas no observen relaciones con dichas características. Es prácticamente imposible sustraerse a la relación con individuos que poseen características de personalidad manipuladora. En algún momento todos interactuamos con alguno de ellos.

Como ya vimos, la vulnerabilidad de las personas tiene que ver con su propia historia. Los que sufrieron traumas a temprana edad, los que han sido criados bajo la influencia manipuladora de familiares directos, como, por ejemplo, el padre o la madre, seguramente tendrán mayor probabilidad de establecer vínculos con este tipo de personas.

Es muy posible que las víctimas potenciales de los manipuladores, en principio, piensen que rebelarse significa la automática pérdida del amor, dado que ése fue el modelo internalizado en su infancia.

Sin embargo, no hay razón alguna que sirva para justificar un sometimiento de este tipo. En todo caso, y si es consciente de ello, se tratará de una decisión personal respetable del sometido, aunque no siempre sea la más conveniente para él/ella.

Al "darse cuenta" del sometimiento a la influencia generalmente devastadora de un manipulador, se presentan dos claras opciones igualmente válidas.

1. Seguir adelante con la relación intentando mejorarla.

2. Dar por finalizada la relación.

En ambos casos será necesario determinar la relación costo-beneficio de una u otra decisión.

Suponiendo que antes de tomar la segunda de las dos opciones, prefiera intentar mejorar la relación, no pierda de vista la toxicidad de este tipo de vínculos.

Hemos dedicado una parte de este libro a la explicación de la forma en que es posible preservarse de ellos. Un cambio de actitud es lo único que resguarda de no caer en las garras de otro manipulador. Sin embargo, desactivar el mecanismo de manipulación lleva bastante tiempo y será mejor no tener expectativas de resultados inmediatos para no incentivar la frustración.

¿Cuál es el límite que determina que la balanza se incline para una u otra de las opciones? En este aspecto no hay recetas "magistrales", cada individuo sabrá cuál es su punto de quiebre.

Desde ya, cualquiera sea la decisión tomada, le deseamos ¡suerte!

Para los que hayan intentado sin éxito mejorar el vínculo con una persona manipuladora va la siguiente declaración:

Basta es BASTA y hay una sola manera de decirlo: ¡¡¡Diciendo BASTA!!!

BASTA no se dice de manera indirecta, ni con gestos, ni con silencios.

BASTA se dice sin dubitaciones, ni explicaciones, ni justificaciones. Se dice una sola vez y basta.

BASTA no se dice bajando la cabeza ni llorando. Se dice con entonación firme, pero sin gritar; tampoco se dice utilizando un murmullo.

Es un BASTA para el otro, porque ya fue un BASTA para uno mismo y no puede dejar de ser BASTA, aunque el otro se oponga.

BASTA es basta, aquí y en este momento.

BASTA no se dice de rodillas, porque es un acto de dignidad.

Es un BASTA que surge de la necesidad de libertad, de ser dueño de las propias decisiones.

BASTA es el fin de un libro, sin más capítulos, porque ya se dijo todo lo que había que decir.

Decir BASTA no es olvidarse del pasado, es una corrección del presente pensando en el futuro y sólo quién sabe decir BASTA puede decir "de ahora en más".*

* Basado en el texto de Hugo Finkelstein, *Decir no.*

BIBLIOGRAFÍA

Bourdon, Raymond y Lazarsfeld, Paul, *Metodología de las ciencias sociales*, Laia, Barcelona, 1985.

Eibl-Eibesfeldt, Irenâus, *Biología del comportamiento humano. Manual de etología humana*, Alianza, Madrid, 1993.

Evans, Patricia, *El abuso verbal. La violencia negada*, Javier Vergara, Buenos Aires, 2000.

Goleman, Daniel, *La inteligencia emocional*, Kairós, Barcelona, 1996.

Gutman, Laura, *Crianza. Violencias invisibles y adicciones*, Del Nuevo Extremo, Buenos Aires, 2006.

Kernberg, Otto, *Desórdenes fronterizos y narcisismo patológico*, Paidós, Buenos Aires, 1979.

Milgram, Stanley, *Obediencia a la autoridad*, Desclée de Brouwer, Bilbao, 1984.

Miller, Alice, *Por su propio bien*, Farrar, Straus & Giroux, Nueva York, 1983.

Nazare-Aga, Isabelle, *Les manipulateurs sont parmi nous*, Les Éditions de l'Homme, Paris, 1997.

Paul, Jordan y Paul, Margaret, *Do I Have to Give Up Me to Be Loved by You?*, Compcare Publishers, Irvine, 1983.

Sarramone, Alberto, *Envidia entre nosotros*, Biblos, Buenos Aires, 1996.

Watzlawick, Paul, *¿Es real la realidad? Confusión, desinformación, comunicación*, Herder, Barcelona, 2001.